D1665069

GRAF ALBRECHT II. UND DIE GRAFSCHAFT HOHENBERG

GRAF ALBRECHT II. UND DIE GRAFSCHAFT HOHENBERG

Herausgegeben
von Bernhard Rüth und Andreas Zekorn
im Auftrag des Landkreises Rottweil
und des Zollernalbkreises

bibliotheca academica Verlag Tübingen

Die Deutsche Bibliothek – CIP-Einheitsaufnahme

Graf Albrecht II. und die Grafschaft Hohenberg /
hrsg. von Bernhard Rüth und Andreas Zekorn
im Auftr. des Landkreises Rottweil und des Zollernalbkreises. –
Tübingen : Bibliotheca-Academica-Verl., 2001
ISBN 3–928471–44–9

Gedruckt mit Unterstützung
der Oberschwäbischen Elektrizitätswerke (OEW)

Satz: bibliotheca academica Verlag GmbH, Tübingen
Satzprogramm: TUSTEP
(Tübinger System von Textverarbeitungsprogrammen)
Gestaltung des Einbands, Bildbearbeitung und Graphiken:
Hubert Amann, Epfendorf

Gesamtherstellung: VEBU-Druck, Bad Schussenried
Gedruckt auf alterungsbeständigem, säurefreiem Papier

INHALTSVERZEICHNIS

5

Tafel 1
Grabstein der Grafen von Hohenberg in der Kirche des Klosters Kirchberg
(Renfrizhausen, Stadt Sulz am Neckar)
Foto: Landesbildstelle Baden

ZUM GELEIT

»Es wird in Schwaben niemals mehr einen größeren Verlust geben als den, der durch seinen Tod entstand.« Mit diesen frei aus dem Mittelhochdeutschen übertragenen Worten beklagte der steirische Dichter Ottokar in seiner Reimchronik den Tod Graf Albrechts von Hohenberg in der Schlacht bei Leinstetten am 17. April 1298, zu der es im Kampf gegen Herzog Otto von Niederbayern, den Parteigänger König Adolfs von Nassau, gekommen war. Aus diesen Worten wird überdeutlich, daß der Tod dieses Grafen seine damaligen Zeitgenossen sehr bewegte. Er war ein bedeutender Staatsmann, ein Weggefährte und enger Vertrauter König Rudolfs von Habsburg, mit welchem seine Schwester Gertrud verheiratet war. Graf Albrecht war aber nicht nur Politiker und Kriegsmann, sondern auch ein Literaturfreund, der selbst als Minnesänger dichtete. In der Manessischen Liederhandschrift ist sein letzter Kampf in einer eindrucksvollen Darstellung festgehalten.

Der 700. Todestag Graf Albrechts von Hohenberg bot Anlaß, im April 1998 eine Vortragsveranstaltung zu dem außergewöhnlichen Mann und zu dem für unsere Region äußerst bedeutsamen Geschlecht der Hohenberger zu halten. Die Veranstaltung fand im Kloster Kirchberg statt, dem Hauskloster der Hohenberger, das ihnen auch als Grablege diente. Getragen wurde die Veranstaltung vom Landkreis Rottweil und dem Zollernalbkreis in Verbindung mit dem Hohenzollerischen Geschichtsverein.

Große Teile der heutigen Landkreise Rottweil, Zollernalb und Tübingen, aber auch der Kreise Freudenstadt und Tuttlingen sind durch das hohenbergische Gebiet verbunden, das 1381 an Habsburg überging und bis 1806 direkt oder indirekt unter österreichischer Herrschaft blieb. Die hohenbergische und habsburgische Vergangenheit bildet damit eine wichtige historische Wurzel mit gemeinsamer Tradition für unsere Region; und das machen uns in hervorragender Weise die Aufsätze des vorliegenden Bandes sichtbar und bewußt. Bei integraler Betrachtung zeigt sich, daß das Land zwischen Schwarzwald und Schwäbischer Alb nicht minder geschichtsträchtig ist als andere historische Landschaften des deutschen Südwestens. Dies verdeutlichen auch die Beiträge in einem weiteren, von den Landkreisen Rottweil, Sigmaringen, Tuttlingen und dem Zollernalbkreis herausgegebenen Band zum Thema „Vorderösterreich an oberem Neckar und oberer Donau", der im Jahre 2002 erscheint.

Wir danken den Autoren des vorliegenden Buches: Prof. Dr. Franz Quarthal, Prof. Dr. Wilfried Schöntag, Dr. Casimir Bumiller und Hans Peter Müller. Sie alle sind ausgewiesene Kenner dieses Abschnitts unserer Geschichte.

Zum Geleit

Dank gilt aber auch dem Hohenzollerischen Geschichtsverein als Mitveranstalter der Tagung und dem Berneuchener Haus Kloster Kirchberg, das mit seinem geschichtsträchtigen Haus zum Gelingen der Veranstaltung beitrug. Auch die Oberschwäbischen Elektrizitätswerke (OEW) seien dankend als Förderer dieses Bandes erwähnt.

Nicht zuletzt sagen wir auch unseren Kreisarchivaren Bernhard Rüth, Landkreis Rottweil, und Dr. Andreas Zekorn, Zollernalbkreis, für Organisation, Koordination und redaktionelle Begleitung besten Dank.

Diesem Buch mit neuen Erkenntnissen zu unserer hohenbergischen Geschichte wünschen wir viele interessierte Leser.

Manfred Autenrieth   *Willi Fischer*
Landrat des Landkreises Rottweil   *Landrat des Zollernalbkreises*

VORWORT

Im April 1998 erinnerten das Berneuchener Haus Kloster Kirchberg, der Landkreis Rottweil, der Zollernalbkreis und der Hohenzollerische Geschichtsverein in einer Vortragsveranstaltung an das Dynastengeschlecht der Grafen von Hohenberg, das die territoriale Entwicklung des oberen Neckarraums vom späten 12. bis ins späte 14. Jahrhundert entscheidend mitbestimmt hatte. Den Anlaß bot der 700. Todestag Graf Albrechts II. von Hohenberg, der am 17. April 1298 in der Schlacht bei (Oberndorf und) Leinstetten gefallen und im Kloster Kirchberg beigesetzt worden war.

Von Schulamtsdirektor i. R. Adolf Klek ging die Anregung zu einer Gedenkveranstaltung aus. In Verbindung mit dem Berneuchener Haus Kloster Kirchberg übernahmen das Kreisarchiv des Zollernalbkreises und das Archiv- und Kulturamt des Landkreises Rottweil die Vorbereitung einer Tagung mit historischen Vorträgen. Es gelang, exzellente Kenner der hohenbergischen Geschichte als Referenten zu gewinnen: Dr. Casimir Bumiller, Prof. Dr. Franz Quarthal und Prof. Dr. Wilfried Schöntag. Das Publikumsinteresse übertraf die Erwartungen der Veranstalter. An der öffentlichen Tagung nahmen an die 200 Geschichtsfreunde teil.

Im Abstand von dreieinhalb Jahren – die letzten Beiträge sind im Sommer 2001 eingegangen – legen das Archiv- und Kulturamt des Landkreises Rottweil und das Kreisarchiv des Zollernalbkreises die Erträge der Tagung in Form eines Aufsatzbandes vor.

In einer breit angelegten biographischen Abhandlung stellt Franz Quarthal die »Hauptperson« dieses Buches vor: Graf Albrecht II. von Hohenberg. Im Mittelpunkt der Darlegungen steht Albrechts Anteil an der großen Politik; sein reichs- und territorialpolitisches Engagement erfährt eine differenzierte Würdigung. Aber auch Albrechts Rolle als Minnesänger wird beleuchtet. So bietet der Aufsatz ein facettenreiches Bild dieser herausragenden Persönlichkeit, die Zeitgenossen und Nachwelt gleichermaßen in ihren Bann zog.

In einer siegelkundlichen Untersuchung geht Wilfried Schöntag, dem wir grundlegende Erkenntnisse über die Herkunft der Grafen von Hohenberg verdanken, der Rechtsstellung und dem Selbstverständnis der Hohenberger nach. Neben den Siegeln als Rechtssymbolen werden auch die Grabdenkmäler – darunter der Grabstein der Hohenberger in der Kirche des Klosters Kirchberg (Tafel 1) – als Memorialzeugnisse in die Betrachtungen einbezogen. Auf diese

Weise wird die Geschichte der Grafen von Hohenberg, die – neben den Grafen von Württcmbcrg – zu dcn mächtigsten Hochadelsgeschlechtern Schwabens zählten, aus der »Innensicht« dargestellt.

Mit dem Selbstverständnis der Hohenberger befaßt sich auch Casimir Bumiller in seinem Aufsatz. Er legt dar, daß sich die Grafen von Hohenberg dezidiert in die Tradition der älteren Grafen von Haigerloch stellten; nicht von ungefähr firmiert Graf Albrecht II. in der Manessischen Handschrift als Graf Albrecht von Haigerloch (Tafel 2). In subtiler Rekonstruktion wird die Geschichte der Grafen von Haigerloch-Wiesneck nachgezeichnet.

Nachträglich aufgenommen wurde ein Aufsatz aus der Feder Hans Peter Müllers. In dieser Abhandlung, die von profunder Kenntnis der archivalischen Quellen zeugt, wird die Genealogie der Hohenberger in den Linien Nagold und Wildberg der Revision unterzogen.

Der vorliegende Aufsatzband bietet eine Fülle von Erkenntnissen zur Geschichte der Grafen von Hohenberg im hohen und späten Mittelalter. Damit bringt er die landesgeschichtliche Forschung ein gutes Stück weiter.

Im »südwestschwäbischen« Kulturraum wird man sich (wieder) der gemeinsamen historischen Wurzeln der Regionen zwischen Schwarzwald und Schwäbischer Alb bewußt. Dieser Aufsatzband steht am Anfang einer Folge landesgeschichtlicher Publikationen, die aus Vortragsveranstaltungen von überregionaler Tragweite hervorgegangen sind. Als organisatorische Basis der historischen Bildungsarbeit bewährt sich das Netzwerk der Kreisarchive und der Geschichtsvereine.

Bernhard Rüth   *Dr. Andreas Zekorn*

Tafel 2
Graf Albrecht II. von Hohenberg in der Schlacht bei Leinstetten
Miniatur aus der Großen Heidelberger Liederhandschrift:
Universitätsbibliothek Heidelberg, cpg 848 (Codex Manesse), fol. 42r
Foto: Universitätsbibliothek Heidelberg

FRANZ QUARTHAL

Graf Albrecht II. von Hohenberg
Territorial- und Reichspolitik im ausgehenden 13. Jahrhundert

1. Das Bild Albrechts II. von Hohenberg bei seinen Zeitgenossen

Von keinem der schwäbischen Grafen des 13. Jahrhunderts gibt es so viele zeitgenössische literarische Nachrichten und Texte wie von Graf Albrecht II. von Hohenberg, dem Schwager König Rudolfs von Habsburg. Für diesen übte er die Landvogtei in Niederschwaben aus. Albrecht war der bedeutendste Angehörige des hohenbergischen Grafenhauses des 13. Jahrhunderts, der in einer spektakulären Schlacht bei Oberndorf oder Leinstetten am oder kurz nach dem 17. April 1298 fiel. Dort hatte er versucht, die Truppen Herzog Ottos von Bayern am Überschreiten des Schwarzwaldes und damit an der Vereinigung mit der Streitmacht König Adolfs von Nassau, der im Breisgau stand, zu hindern. Die Szene ist in einem eindrücklichen Bild in der Manessischen Liederhandschrift in der Art einer Mauerschau festgehalten: Drei Frauen beobachten von einem Turm aus den Fall des tödlich Getroffenen vom Pferd (Tafel 2, vor S. 11).[1] Es handelt sich um die blutrünstigste Miniatur des gesamten Kodex. Albrecht, mit großer, eindrucksvoller Helmzier, ist mit einem von hohenbergischen Wappen bestickten Waffenrock bekleidet. Er sitzt, das von Blut tropfende Schwert in der erhobenen Rechten schwingend, in der Mitte des Bildes auf seinem mit einem ebenfalls von zahlreichen hohenbergischen Wappen verzierten Tuch bedeckten Schlachtroß. Mit der linken Hand hält er den Hals eines Gegners ohne Helm, nur mit Kalotte, umklammert, der gerade versucht, dem Pferd Albrechts die Kehle durchzuschneiden. Unter seinem Roß kauert ein weiterer Bewaffneter, der sein Schwert eben in dessen Bauch stößt. Der hohenbergische Bannerträger, ebenfalls mit blutigem Schwert, schlägt auf einen Ritter ein, der seinerseits einem anderen gerade den Kopf abtrennt. Im rechten Bildhintergrund empfängt ein weiterer Ritter, der den Angriff auf Albrecht abwehren will, den Todesstoß. Mit nur acht Personen wird auf der Miniatur ein wilder Kampf inszeniert, der in seiner Wir-

---

[1] Manessische Liederhandschrift. 40 Miniaturen und Gedichte, bearb. von Joachim Kuolt, Stuttgart 1985, Bl. 42.

11

kung noch gesteigert wird durch die Verzweiflungsgesten der drei Frauen, die
vom Turm aus das Kampfgeschehen beobachten: Die eine schlägt sich die Hände
vor Schmerz über dem Kopf zusammen, die zweite wischt sich Tränen aus dem
Gesicht und die dritte faltet die Hände in Gebetshaltung vor der Brust. Die
packende und ergreifende Gestaltung der Szene in der Handschrift, die aus Ein-
zelsammlungen wohl nach 1314, also keine zwanzig Jahre nach der Schlacht bei
Leinstetten entstand,[2] spiegelt den tiefen Eindruck wider, den Albrechts Tod auf
seine Zeitgenossen gemacht haben muß. Dies wird auch durch die vielfältigen
literarischen Zeugnisse bekräftigt, die das Schlachtgeschehen wiedergeben, vor
allem die Texte des begabten Erzählers Ottokar von Steiermark in seiner Reimchronik,[3] die Colmarer Chronik,[4] die Chronik des Heinrich Taube von Selbach,[5]
die des Matthias von Neuenburg,[6] das Schachzabelbuch des Konrad von Ammenhausen[7] und Johann von Viktring.[8]

Albrecht war ohne Zweifel einer der wichtigsten Parteigänger Rudolfs und
Albrechts von Habsburg im deutschen Südwesten. Hier im engeren Raum der
späteren Grafschaft Hohenberg agierte Albrecht als Herr von Haigerloch, Horb,
Nagold, Gründer der Stadt Rottenburg und war als Hauptgegner der Grafen von

---

[2] Edele frouwen – schoene man. Die Manessische Liederhandschrift in Zürich. Katalog,
hrsg. von C. Brinker, D. Flüheler-Kreis, 1991; G. Kornrumpf, Die Anfänge der Manessischen Liederhandschrift, in: Deutsche Handschriften 1100–1400, hrsg. von V. Ho-
nemann und N. F. Palmer, 1988, S. 279–286.

[3] Ottokar von Steiermark: Ottokars österreichische Reimchronik, hrsg. von J. Seemüller,
Bd. 2, Nd. Dublin 1974 (MGH Deutsche Chroniken 5,2), S. 954–960, V. 72237–72663.
Zu Ottokar vgl. Ursula Liebertz-Grün, Das andere Mittelalter. Erzählte Geschichte und
Geschichtserkenntnis um 1300, München 1984, S. 101–167.

[4] Chronicon Colmariense, in: Annales aevi Suevici, hrsg. von Georg Heinrich Pertz, Nd.
Stuttgart 1963 (MGH SS 17), S. 240–270.

[5] Henricus Surdus: Die Chronik Heinrichs Taube von Selbach (Chronica Heinrici Surdi
de Selbach), hrsg. von Harry Bresslau, Nd. München 1980 (MGH Scriptores rerum
Germanicarum NS 1), S. 3 f.

[6] Matthias Neoburgensis: Die Chronik des Matthias von Neuenburg, hrsg. von Adolf
Hofmeister (MGH Scriptores rerum Germanicarum NS 4), S. 300 ff.

[7] Konrad von Ammenhausen: Das Schachzabelbuch Kunrats von Ammenhausen, nebst
den Schachbüchern des Jakob von Cessole und des Jakob Mennel hrsg. von Ferdinand
Vetter, Frauenfeld 1892 (Bibliothek älterer Schriftwerke der Deutschen Schweiz, Er-
gänzungsband); Konrad von Ammenhausen, Das Schachzabelbuch. Farbmicrofiche-
Edition der Handschrift Hamburg, Staats- und Universitätsbibliothek, Cod. 91b in scri-
nio, München 2000 (Codices illuminati medii aevi 58). Zu den Illustrationen: Konrad
von Ammenhausen. Das Schachzabelbuch. Die Illustrationen der Stuttgarter Handschrift (Cod. poet' et philol. fol. N. 2), hrsg. von Carmen Bosch-Schairer, Göppingen
1981.

[8] Johannes de Victring: Iohannis abbatis Victoriensis Liber certarum historiarum, Bd. 1,
Hannover 1909 (MGH Scriptores rerum Germanicarum in usum scholarum separatim
editi 36,1), S. 319.

Württemberg eine der entscheidenden Persönlichkeiten für die Ausbildung der politischen Struktur dieser Region im 13. Jahrhundert.

Albrecht hat im 19. Jahrhundert in Ludwig Schmid einen von seiner Gestalt faszinierten Historiographen gefunden, der sein Leben nicht nur im Rahmen der Geschichte der Grafen von Hohenberg und in einem umfangreichen Lexikonartikel nachzeichnete,[9] sondern ihm auch ein zweibändiges Werk vom insgesamt 1158 Seiten widmete, das er als Kultur- und Sittengemälde der Zeit Albrechts in der Form eines historischen Romans anlegte.[10] Leider bleibt seine Darstellung ein Zwitter; weder gelang ihm ein großer historischer Roman etwa in der Form des »Ekkehard« Joseph Victors von Scheffel,[11] noch verfaßte er eine historisch präzise Erzählung, so daß man am Schluß seine in langen Jahren verfaßte Fleißarbeit enttäuscht beiseite legt.[12]

In Rottenburg erinnerte man sich der Person Albrechts anläßlich des 700jährigen Jubiläums der Morizkirche im Jahre 1909 mit einem fünfaktigen Ritterspektakel »Albert Graf von Hohenberg der Reichslandvogt« aus der Feder des Vikars der Morizkirche, Eugen Mack. Der deutsche Kaiser und der österreichische Thronfolger, welche beide die Hohenberger mehrfach zu ihren Vorfahren zählen durften, dankten telegraphisch für das ergreifende Spektakel.[13]

Unter seinen Zeitgenossen und seiner unmittelbaren Nachwelt galt Albrecht II. von Hohenberg als eine berühmte Persönlichkeit. Als »strenissimus

---

[9] Ludwig Schmid, Graf Albert von Hohenberg (Haigerloch), in: Allgemeine deutsche Biographie, Bd. 12, Leipzig 1880, S. 659–669; ders., Geschichte der Grafen von Zollern-Hohenberg und ihrer Grafschaft nach meist ungedruckten Quellen, nebst Urkundenbuch, Bd. 1, Hauptwerk, Stuttgart 1862, S. 27–122; ders., Geschichte der Grafen von Zollern-Hohenberg und ihrer Grafschaft, Bd. 2, Monumenta Hohenbergica, Urkundenbuch zur Geschichte der Grafen von Zollern-Hohenberg und ihrer Grafschaft, Stuttgart 1862.

[10] Ludwig Schmid, Graf Albrecht von Hohenberg, Rottenburg und Haigerloch vom Hohenzollern-Stamme. Der Sänger und Held. Ein Cyklus von kultur-historischen Bildern aus dem dreizehnten Jahrundert, 2 Bde., Stuttgart 1879.

[11] Joseph Victor von Scheffel, Ekkehard. Eine Geschichte aus dem 10. Jahrhundert, Frankfurt a. M. 1855.

[12] Schmid spricht in der Vorrede im 1. Band von einer rund zehnjährigen Bearbeitungszeit.

[13] Eugen Mack, Albert Graf von Hohenberg der Reichslandvogt. Ein Schauspiel in fünf Akten, Rottenburg 1909. Die örtliche Presse berichtete von dem Spektakel: »Neben Kanonensalven, Pontifikalamt und Festschmaus im ›Rößle‹ fand die Theateraufführung in der städtischen Turnhalle statt. In prächtigen Kostümen aus München wirkte die halbe Stadt an dem Schauspiel mit. Die Kulissen schuf der Rottenburger Kunstmaler Stehle, die Kompositionen verfaßte Dompräbendar Lobmiller, Regie führte der Kupferschmid Anton Bader. Der telegraphisch angekündigte Besuch des österreichischen Thronfolgers wurde allerdings nicht realisiert.« Ursula Kuttler-Merz, Dem Gravengrab ain ewigs Liecht. Am 17. April fiel Graf Albert II. von Hohenberg in der Schlacht bei Leinstetten, in: Schwäbisches Tagblatt vom 17. April 1998, S. 25.

Franz Quarthal

comes«, als einen herausragend tüchtigen Grafen, bezeichnete ihn Matthias von Neuenburg.[14] Johann von Viktring nannte ihn einen außerordentlichen und berühmten Mann,»vir mirificus et famosus«,[15] später auch einen»vir insignis, tam actu quam fama celebris«.[16] Ohne Zweifel war er eine Persönlichkeit, die auf standesgemäßes Auftreten besonderen Wert legte. Seine Begleitung mit Adligen und Dienstmannen muß, nach Ausweis der Zeugenlisten in seinen Urkunden, im Verhältnis zu anderen Grafen groß gewesen sein.[17] Auffallend ist, daß sich Graf Rudolf von Habsburg 1258 in seiner Begleitung befand, was die Nähe der Beziehung zwischen beiden nach der Heirat Rudolfs erkennen läßt.[18]

In Texten, die sich auf ihn beziehen, wurden ihm Werte des ritterlichen Tugendkanons zugeschrieben, wobei mehr der Kampfesmut als Besonnenheit und Reflexion herausgestellt wurden. Als»starkh, mechtig und pald [tapfer]«bezeichnete ihn Ottokar von Steiermark.[19] Man lobte seine Hochherzigkeit (»magnificentia«).[20] Rechtschaffenheit, Tapferkeit, Treue (»probus«,[21]»an alle schande sleht«,[22]»bederbe« und»getriwe«)[23] waren weitere Eigenschaften, die man an ihm pries.[24] Matthias von Neuenburg bezeichnete ihn in seiner Chronik als mutig und rechtschaffen sowie als einen der zwölf besten Faustkämpfer seiner Zeit.[25] Er galt als kriegerisch und habe viel Gutes und Lobenswertes bewirkt. Ein Magister mit Namen Kunner besang ihn als Stütze des Römischen Reiches im gesamten Schwaben (»sustentaculum Romani imperii tocius Swevie«).[26] Selbst einer der späten Minnesänger,[27] hatte er unter seinem Hofstaat dichtende Per-

---

[14] Matthias Neoburgensis (wie Anm. 6), S. 24 und 51.
[15] Johannes de Victring (wie Anm. 8), S. 354.
[16] Ebd., S. 319.
[17] Schmid, Grafen von Zollern-Hohenberg (wie Anm. 9), S. 28.
[18] Schmid, Monumenta Hohenbergica (wie Anm. 9), S. 39, Nr. 61.
[19] Ottokar von Steiermark (wie Anm. 3), S. 431, V. 32925.
[20] Schmid, Monumenta Hohenbergica (wie Anm. 9), S. 143, Nr. 179.
[21] Matthias Neoburgensis (wie Anm. 6), S. 300. Vgl. Schmid, Grafen von Zollern-Hohenberg (wie Anm. 9), S. 119, Anm. 6; dort ist die Chronik noch Albertus Argentinensis zugeschrieben, d. i. Graf Georg Albrecht von Hohenberg, inzwischen steht Matthias von Neuenburg aber als Autor fest. Vgl. Klaus Arnold, Art. Matthias von Neuenburg, in: Die deutsche Literatur des Mittelalters. Verfasserlexikon, hrsg. von Kurt Ruh, Bd. 6, Berlin 1987, Sp. 194–197, und Richard Feller / Edgar Bonjour, Geschichtsschreibung der Schweiz, Bd. 1, Basel 1979, S. 33.
[22] Konrad von Ammenhausen, 1892 (wie Anm. 7), Sp. 257, V. 6820.
[23] Ottokar von Steiermark (wie Anm. 3), S. 785, V. 58962, und S. 431, V. 32927.
[24] Schmid, Grafen von Zollern-Hohenberg (wie Anm. 9), S. 119.
[25] »De animoso et probo Comite de Haigerloch et de Hohenberg, qui dicebatur esse unus de XII pugilibus«. Matthias Neoburgensis (wie Anm. 6), S. 300.
[26] »Fuit bellicosus, animosus et probus et cantatum fuit a quondam magistro, qui dicebatur Kunner, quod idem Albertus esset sustentaculum Romanii imperii tocius Swevie.« Ebd., S. 302.
[27] Volker Mertens, Albrecht von Haigerloch, in: Die deutsche Literatur des Mittelalters. Verfasserlexikon, Bd. 1, 2. Aufl., 1978, Sp. 186 f.

sonen wie Heinzelin von Konstanz.[28] Seine Mildtätigkeit gegenüber den fahrenden Sängern wurde gerühmt: »klag [über Albrechts Tod], ellende diet/ die von
kummer dich schiet/ grâf Albrehts milte hant«.[29]

Es macht einen guten Sinn, sich gerade in dem hohenbergischen Hauskloster
Kirchberg mit dieser offensichtlich außerordentlichen Persönlichkeit auseinan-
derzusetzen, an der Stelle, wo sein Vater, Graf Burkhard III., der unter spektakulären Umständen durch einen Blitzschlag bei einem Überlandritt in der Nähe
von Deckenpfronn am 14. Juli 1253 zu Tode gekommen war, wie auch seine
erste Gemahlin Margarete, geborene von Fürstenberg, zusammen mit ihm begraben liegen, 700 Jahre nach seinem Kampfestod bei Leinstetten, zumal in
Kirchberg auch liturgisch sein Gedächtnis seit fast ebenso langer Zeit bewahrt
wird, durch eine von seinen Familiaren errichtete Ewiglichtstiftung für ihn und
seine Familie.[30]

2. Die Herkunft der Hohenberger und ihr Herrschaftsraum

Über die Herkunft der Hohenberger und die Art ihres genealogischen Zusam-
menhanges mit den Zollern, insbesondere über die Frage, ob die Hohenberger
ein älterer oder jüngerer Zweig der Zollern waren, ist bis vor wenigen Jahrzehnten viel diskutiert worden. Wilfried Schöntag hat dargetan, daß Zollern und
Hohenberger im 12. Jahrhundert ein Personenkreis mit vornehmem Konnubium
waren, unter denen Burchard, der älteste Sohn Graf Friedrichs I. mit einer aus
Niederösterreich stammenden Gräfin von Schala verheiratet war.[31] Burkhard von

---

[28] »Daz het getihtet klein heinze Grave albrehtes von hohenbergs kuechenmeister«. Thomas Cramer, Die kleineren Liederdichter des 14. und 15. Jahrhunderts, Bd. 1, München
1977, S. 375 ff. und 478 f., hier S. 375. Vgl. Schmid, Grafen von Zollern-Hohenberg
(wie Anm. 9), S. 120.

[29] Ottokar von Steiermark (wie Anm. 3), S. 942, V. 71224 f.

[30] Umschrift auf seinem Grabstein, der die Wappen Fürstenberg und Hohenberg, letzteres
belegt mit einer Gleve, zeigt: »STRUTVS. IVIT. ISTE. LAPIS. EX.IUSSU. ALBERTI.
COMITIS. DE. HOHENBCH. SUPRA. SUA. COLLATERALE. NOMINE. MAR-
GARETHA. QUE. FUIT. NATIONE. DE. VVRSTENBRCH«. Um den Hohenberger
Schild steht: »TVMULATI. COMES. BVRCARDUS. PATER. ALBERTI. ET. CO-
MES. ALBERTUS. FILIUS. SUUS«. Schmid, Grafen von Zollern-Hohenberg (wie
Anm. 9), S. 107. Das Geld zur Unterhaltung des Lichtes stifteten Berthold Hasenbein
sowie Conrad Strube von Isenburg mit seinen Erben. Zeugen waren Pfaff Hug von
Nordstetten, der Bruder des Stifters, Bertholt Hasenbain, Hug Magenbuch, Benz der
Maier. Schmid, Monumenta Hohenbergica (wie Anm. 9), S. 223, Nr. 273. Eine weitere
Stiftung stammte von Cunrad Stoerli. Schmid, Monumenta Hohenbergica (wie Anm.
9), S. 241, Nr. 295. Vgl. dazu: Adolf Klek, Grabstätte von Hohenberg-Grafen. Erneuer-
tes Gedenken in Kloster Kirchberg, in: Zollernalb-Profile 2 (1990), S. 79–87.

[31] Wilfried Schöntag, Die Herrschaftsbildung der Grafen von Zollern vom 12. bis zur
Mitte des 16. Jahrhunderts, in: ZHG 32 (1996), S. 167–228.

Zollern, der 1150 letztmals als Zeuge genannt wird, hatte zwei Söhne, Graf Burchard, der ab 1170 genannt wird, und Friedrich. Graf Burchard von Zollern nannte sich ab 1179 sowohl nach Hohenberg, einer abgegangenen Burg bei Schörzingen (Stadt Schömberg), als auch weiterhin nach der Burg Zollern. Sein Bruder Friedrich wurde 1186 letztmals als Graf von Zollern bezeichnet, danach nur noch nach Hohenberg. Graf Burkhard von Zollern trat das Erbe des 1162 letztmals genannten Grafen Wezel von Haigerloch an. Dazu erwarben er und seine Söhne Güter und Rechte verschiedener edelfreier Familien, so der Edelfreien von Bühl, von Hurningen/Hirrlingen und von Rotenburg. Darüber hinaus waren sie in diesem Raum Vögte über den Besitz des Hochstifts Bamberg und der Klöster Stein am Rhein und Allerheiligen bei Schaffhausen. Die aus diesen Rechtstiteln gebildete Herrschaft ist ab 1200 in den Quellen zu greifen. Die Hohenberger nutzten ab 1179 Reichsrechte der Zollern zu einer weiteren Herrschaftsverdichtung: Lehensbestandteile waren die Burg Hohenberg, teilweise als Lehen der Reichenau, Rottenburg und Horb als Lehen des Hochstifts Bamberg, die Herrschaft Oberndorf als Lehen der Abtei Reichenau. Haigerloch, Gebiete um die Burg Hohenberg und der Forst auf der Scheer dürften dagegen Reichslehen gewesen sein.[32] Zusammen mit Allodbesitzungen entstand daraus die neue Grafschaft Hohenberg, während die zollerische Linie im Bereich des Forstes auf der Scheer eine neue Herrschaft aufbaute. Schöntag hob als bemerkenswert hervor, daß zwei Brüder der älteren zollerischen Linie eine neue, mit dem Namen Hohenberg verbundene Herrschaft aufbauten, die ihren Schwerpunkt im Haigerlocher und Rottenburger Raum hatte. Mit dem neuen Namen und dem neuen Herrschaftsschwerpunkt bildete sich ein neues Familienbewußtsein, was in der Regel nur jüngere Söhne schufen, während hier diesen der Stammsitz überlassen wurde.[33] Die Herauslösung der Grafen von Hohenberg aus der zollerischen Herrschaft erfolgte langsam, läßt sich aber zunehmend an unterschiedlichen Indizien festmachen. Noch 1207 wurden die Söhne Burkhard und Albert/Albrecht als Grafen von Zollern bezeichnet. Die neue Familie verzichtete auf den Leitnamen Friedrich, behielt aber Burkhard bei. Unter Albrecht/Albert wird Rottenburg – wohl die Burg Rotenburg – 1207/1225/1226/1231 als ein neues Herrschaftszentrum zusammen mit Haigerloch erkennbar, während für Burkhard mit seinen Söhnen die Burg Hohenberg blieb. Wie sehr Haigerloch zu dieser Zeit der Herrschaftsschwerpunkt war, ergibt sich daraus, daß es 1237 bereits einen Pleban, einen Schultheiß und Bürger hatte, die den Gründungsakt von Kirchberg bezeugten.[34] Mit der Übernahme der tübingischen Stadt Horb, der Burgen und Herrschaften Nagold, Wildberg, Altensteig und Bulach als Heiratsgut der Pfalzgräfin Mechtild um 1230 verstärkte sich noch das Gewicht Haigerlochs.

---

[32] Ebd., S. 174 f. und 189–192.
[33] Ebd., S. 176.
[34] Schmid, Monumenta Hohenbergica (wie Anm. 9), S. 13 f., Nr. 29.

Graf Albrecht II. von Hohenberg

Truchseß und Marschall der Herrschaft saßen 1237 und 1245 noch auf Hohenberg, der Mundschenk im ehemaligen tübingischen Wildberg.[35] Burkhard III. wurde selbst 1250 als Graf von Haigerloch, sonst als Graf von Hohenberg bezeichnet.[36]

Mit der Gründung des neuen Hausklosters Kirchberg im Jahre 1237 hatten sich die Grafen von Hohenberg ein neues geistliches Zentrum und – wohl erst seit 1253 – eine Familiengrablege geschaffen.[37] Wie sich der Neubau der Morizkirche in Rottenburg mit einer eigenen, archäologisch nachgewiesenen Krypta im Jahre 1209, worüber auch Rottenburger Geschichtsschreiber des 17. Jahrhunderts berichten, in dieses Bild einfügen läßt, bedarf noch weiterer Untersuchungen.[38] Nachdem sich der Schwerpunkt von Regierung und Verwaltung von der Burg Hohenberg nach Haigerloch und zu Ende des 13. Jahrhunderts nach Rottenburg verlagert hatte,[39] war die Abgrenzung von den zollerischen Vettern abgeschlossen.[40] Die Inhaber der Hofämter waren aber zumindest noch bis 1245

[35] Ebd., S. 13 f., Nr. 29 f. Franz Quarthal, Die Verwaltung der Grafschaft Hohenberg beim Übergang an Österreich, in: ZWLG 41 (1982), S. 541–564, hier S. 546. Weitere Inhaber von Hofämtern waren der Kämmerer Konrad Schmuck (18. April 1331, 11. Mai 1336, 26. Februar 1342: Hans Peter Müller, Regesta Hohenbergica. Urkunden zur Geschichte der Grafschaft Hohenberg bis 1381, in: Der Sülchgau 26 [1982], S. 14–30, Nr. 25, 38, 48), Diem der Kecheller gen. Marschall als Marschall (12. Mai 1360: ebd., Nr. 84), Heinzlin gen. Der Iltis, Marschall zu Rottenburg (1. Mai 1371: ebd., Nr. 103) und Albrecht, Marschall (9. August 1367).
[36] Schmid, Monumenta Hohenbergica (wie Anm. 9), S. 18, Nr. 34; Müller, Regesta Hohenbergica (wie Anm. 35), Nr. N 140.
[37] Rudolf Krauß, Geschichte des Dominikaner-Frauenklosters Kirchberg, in: WVJH N. F. 3 (1894), S. 291–332, hier S. 326 f., und Hans Peter Müller, Das Schwesternbuch des Klosters Kirchberg (1237–1305), in: Der Sülchgau 21/22 (1977/78), S. 42–56, hier S. 45 f.
[38] Dieter Manz, Die Gotteshäuser der Katholischen Kirchengemeinde St. Moriz in Rottenburg-Ehingen. Geschichte, Kunstwerke, 2. Aufl., Rottenburg 1989, S. 9 f. Nach Weitenauer, Liber Traditionum, war bereits Albrechts II. dritte, 1308, also noch vor der Gründung des Stifts, verstorbene Gemahlin von Öttingen in St. Moriz begraben worden. Schmid, Grafen von Zollern-Hohenberg (wie Anm. 9), S. 112; [Johann Evangelist] Weitenauer, Traditionsbuch von dem Anfang, Ursprung und Wachsthum des löblichen alten Stifts S. Mauritii in Ehingen a. N. 1674–78, Manuskript im Archiv der Pfarrei St. Moriz in Rottenburg-Ehingen.
[39] Unter den Zeugen der Urkunde vom 24. Juli 1268 war ein »schultheiß von haigerloch«. Schmid, Monumenta Hohenbergica (wie Anm. 9), S. 32, Nr. 53. Am 25. Oktober 1269 urkunden ein »Waltherio ministro de Rotemberg« und ein »Cunradus, minister antiquus«. Ebd., S. 34, Nr. 56.
[40] Schöntag, Herrschaftsbildung (wie Anm. 31), S. 176; Hans-Martin Maurer, Burgen am oberen Neckar. Hohenberger Hofburgen – Bautypen – Burgfrieden, in: Zwischen Schwarzwald und Schwäbischer Alb. Das Land am oberen Neckar, hrsg. von Franz Quarthal, Sigmaringen 1984, S. 111–160, hier S. 112 f.

auf die Burg Hohenberg bezogen.[41] Das Kloster St. Märgen, über das die Hohenberger die Schirmvogtei ausübten, scheint als Hauskloster keine Rolle gespielt zu haben.[42] Über Albrechts Jugend weiß man, trotz der breiten romanhaften Erzählung Ludwig Schmids, nichts. Vermutlich wurde er um 1230, vielleicht etwas früher geboren.[43] Die Familie war bereits in den Besitz der Edelfreien von Rotenburg eingerückt und hatte den alten Schwerpunkt um den Zollern und die Burg Hohenberg bei Rottweil verlassen.[44] Albrechts Herrschaftsschwerpunkt dürfte aber, nimmt man die Zahl der Nennungen zu seinen Lebzeiten als Indiz, zunächst eher bei Haigerloch als bei Rottenburg gelegen haben,[45] wo er erst 1280 eine »neue Stadt« gründete.[46]

---

[41] Quarthal, Verwaltung der Grafschaft Hohenberg (wie Anm. 35), S. 545 f.

[42] Schmid, Grafen von Zollern-Hohenberg (wie Anm. 9), S. 40 f.

[43] Die gesamten biographischen Daten der Hohenberger in der ersten Hälfte des 13. Jahrhunderts sind nur durch Rückschlüsse zu ermitteln. Ausgangspunkt ist das sicher überlieferte Geburtsdatum von Rudolf IV. von Habsburg im Jahre 1218. Auf Grund der Lebensdaten König Albrechts von Habsburg hat man geschlossen, daß Rudolf sich im Jahre 1245 mit Gertrud von Hohenberg, der Schwester Graf Albrechts II., vermählte. Rudolfs Heiratsalter lag, falls diese Annahme stimmt, mit 28 Jahren für seine Zeit sehr hoch. Unter Umständen war er bereits einmal vorher verheiratet, ohne Kinder zu haben. Albrecht von Habsburg, Rudolfs und Gertruds ältester überlebender Sohn, dürfte 1248 geboren sein. Schmid, Grafen von Zollern-Hohenberg (wie Anm. 9), S. 346 f. Gertrud sollte 1245 wenigstens 14 Jahre alt gewesen sein. Die Altersreihenfolge der Kinder Graf Burkhards III. läßt sich nicht bestimmen. Ohne Zweifel war Albrecht II. der älteste Sohn; ob aber seine Schwestern Gertrud und Mechthild älter als ihre Brüder waren, läßt sich nicht sagen. Albrecht II. dürfte deshalb mit großer Wahrscheinlichkeit um 1230 geboren sein. Albrechts Vater Burkhard III. war 1225 noch minderjährig. Schmid, Grafen von Zollern-Hohenberg (wie Anm. 9), S. 12; Schmid, Monumenta Hohenbergica (wie Anm. 9), S. 10 f., Nr. 26. Seine Heiratsabrede mit Mechthild, der Tochter des Pfalzgrafen Ludwig II. von Tübingen, auf dem Landtag auf dem »Birhtinle« bei Rottenburg ist nicht datiert. Ludwig Schmid, Geschichte der Pfalzgrafen zu Tübingen nach meist ungedruckten Quellen, nebst Urkundenbuch. Ein Beitrag zur schwäbischen und deutschen Geschichte, Urkundenbuch, Tübingen 1853, S. 11 f., Nr. 10; ders., Grafen von Zollern-Hohenberg (wie Anm. 9), S. 24–26. Seine Heirat dürfte aber unter Berücksichtigung der Heirat Gertruds eher zwischen 1225 und 1230 als zwischen 1230 und 1237 erfolgt sein.

[44] Karl Josef Hagen, Die Entwicklung des Territoriums der Grafen von Hohenberg 1170–1482 (1490), Stuttgart 1914.

[45] 13. Dezember 1272 »comes de Haigerloch« : Schmid, Monumenta Hohenbergica (wie Anm. 9), S. 42, Nr. 63. 10. November 1286 »grave Albreht von Haigerloch«: WUB, Bd. 9, Nr. 3576. 17. September 1287 »Alberto comite de Hegerloch«: Schmid, Monumenta Hohenbergica (wie Anm. 9), S. 85, Nr. 114.

[46] Franz Quarthal, Mittelalterliche Städte auf römischer Grundlage im einstigen Dekumatenland. Zur Frage der Kontinuität in Südwestdeutschland, in: ZGO 135 (1987), S. 24–37.

3. Das Konnubium der Hohenberger

Das Konnubium, die Heiratsverbindungen einer Familie, sind im 12. und 13. Jahrhundert der wichtigste Indikator für deren sozialen Rang. Leider sind wir über den Verwandtschaftskreis Graf Albrechts nur mangelhaft informiert.[47] Seine Mutter war Mechthild, die Tochter Pfalzgraf Rudolfs II. von Tübingen, seine väterliche Großmutter wohl eine Gräfin von Aichelberg. Er selbst war dreimal verheiratet.[48] Der Name seiner ersten Gemahlin ist unbekannt. Da er um 1230 geboren wurde, ist wahrscheinlich, daß er sich um 1250/55 verheiratete. Mindestens drei seiner Kinder entstammen dieser Verbindung, wobei die Mutter aufgrund des Namens der Tochter Agnes, die mit Graf Albert von Tirol verheiratet war, vielleicht ebenfalls Agnes hieß. Seine ihm wohl 1282 angetraute und 1296 verstorbene zweite Gattin war Margarete von Fürstenberg, die dritte Ursula von Öttingen, die 1308 verstarb. Albrechts Bruder Burkhard IV. war mit Luidgard, der Tochter des Pfalzgrafen Hugo von Tübingen, verheiratet. Seine Schwester Gertrud, auch Anna genannt, ehelichte den Grafen Rudolf von Habsburg, den späteren König, während seine Schwester Mechthild Äbtissin wurde.

Die Frau seines ältesten Sohnes, Albrechts III., ist unbekannt. Sein zweiter Sohn, Rudolf I., heiratete in erster Ehe Gräfin Agnes von Werdenberg († 1317), in zweiter Ehe Irmengard von Württemberg († 1329) und in dritter Ehe Elisabeth von Sponheim. Albrechts Tochter Agnes wurde die Gemahlin Alberts von Tirol, Margareta die Gemahlin Markgraf Heinrichs von Burgau, Euphemia die Gattin Friedrichs von Zollern, die Schwestern Irmingard († 1315) und Mechthild ehelichten wohl nacheinander Eberhard von Württemberg. Adelheid († 22. Februar 1333) ehelichte Graf Konrad von Schauenberg in Österreich, und eine namentlich nicht bekannte letzte Tochter trat 1291 als Nonne in das Kloster Kirchberg ein.[49] Die Grafen von Hohenberg waren also im 13. Jahrhundert mit den vornehmsten Angehörigen der schwäbischen Grafen versippt und verschwägert. Die Heirat von Albrechts Schwester Gertrud mit dem Grafen Rudolf von Habsburg

---

[47] Schmid, Grafen von Zollern-Hohenberg (wie Anm. 9), S. 111–117.
[48] Ebd.
[49] Es ist darauf hinzuweisen, daß bereits in einer wesentlich früheren Generation Albrecht II. von Hohenberg Judenta von Ortenberg-Hirrlingen aus der Familie Hirrlingen/Hurningen geehlicht hatte und damit eine Verbindung der Habsburger zu dem Rottenburger Raum bestand. Alois Schulte, Studien zur ältesten und älteren Geschichte der Habsburger und ihrer Besitzungen im Elsaß, in: Mitteilungen des Instituts für österreichische Geschichtsforschung 8 (1887), S. 513–586, hier S. 571. Hinzuweisen ist ebenso auf die Verbindung Graf Friedrichs IV. von Zollern (1204/† 1251/52) mit Elisabeth, einer Schwester des späteren Königs Rudolf von Habsburg. Marquard Herrgott, Genealogia diplomatica augustae gentis Habsburgicae, Bd. 1, Wien 1737, S. 129 f. Vgl. Schmid, Grafen von Zollern-Hohenberg (wie Anm. 9), S. 116.

bildet dabei keine Ausnahme; sie sollte erst durch Rudolfs Wahl zum römisch-deutschen König eine überragende Bedeutung für das Geschlecht bekommen.[50] Rudolf I., Albrechts mittlerer Sohn, heiratete eine Angehörige des Hauses Württemberg. Damit wird eine engere Verbindung der Hohenberger und der Württemberger nach dem Tode König Rudolfs von Habsburg sichtbar: Graf Rudolf I. feierte am 6. Dezember 1291 seine Verlobung mit Irmengard, der Tochter Ulrichs von Württemberg, während seine gleichnamige Schwester Irmengard sich am selben Tag mit Graf Ulrich von Württemberg, der auch Eberhard genannt wurde, verlobte. Die Vermählung wurde am 18. Dezember 1291 gefeiert.[51] Die Tochter Graf Alberts II. von Hohenberg, Agnes, wurde am 19. Mai 1291 mit Albert, dem Sohn des Grafen Meinhard von Tirol und Görz, Herzog von Kärnten, verlobt.[52] Durch diese Verbindung kamen die Hohenberger in noch engere Verbindung zu König Rudolf, da dessen erstgeborener Sohn eine Tochter Meinhards, Elisabeth, zur Gemahlin hatte. Durch diese Heiraten waren die Herzöge von Bayern ebenfalls eng mit den Hohenbergern verwandt, was ihre Anwesenheit bei der Hochzeit des ältesten Sohnes Albrechts II. am 1. August 1284 in Gröningen erklärt.[53] An Rang und Ansehen der Hohenberger kann angesichts des Konnubiums der Familie in der zweiten Hälfte des 13. Jahrhunderts kein Zweifel bestehen.

Albrechts Vater Burkhard III. war es gelungen, durch die Heirat mit der pfalzgräflichen Erbtochter Mechthild, der Tochter Pfalzgraf Rudolfs II. von Tübingen, die Nagolder Besitzungen der Pfalzgrafen als Mitgift an sein Haus zu bringen.[54] Burkhard III. teilte die Hohenberger Besitzungen unter seinen Söhnen Albrecht II. und Burkhard IV. auf. Letzterer konnte durch seine Heirat mit Luitgard, der Erbin der Horber Linie der Pfalzgrafen von Tübingen, außer Horb mit Zubehör fast den gesamten Besitz dieser Linie – mit Ausnahme weniger Teile, die an die Grafen von Eberstein fielen – für sich erwerben.[55] Albrecht II. selbst

---

[50] Annales Sindelfingenses 1083–1483, hrsg. von Hermann Weisert, Sindelfingen 1981, Vgl. Schmid, Grafen von Zollern-Hohenberg (wie Anm. 9), S. 113 und 116.

[51] Annales Sindelfingenses (wie Anm. 50), S. 67, Nr. 233; Schmid, Grafen von Zollern-Hohenberg (wie Anm. 9), S. 113.

[52] Schmid, Grafen von Zollern-Hohenberg (wie Anm. 9), S. 113; 1281, Mai 19: Schmid, Monumenta Hohenbergica (wie Anm. 9), S. 62, Nr. 88. Das finanzielle Engagement König Rudolfs bei dieser Verlobung belegt entweder Rudolfs finanzielle Verpflichtungen gegenüber Graf Albrecht oder sein Interesse an dieser Verbindung.

[53] Annales Sindelfingenses (wie Anm. 50), S. 50, Nr. 150. Vgl. Schmid, Grafen von Zollern-Hohenberg (wie Anm. 9), S. 112–114. Die Heiratsverbindungen der Hohenberger mit den Habsburgern rissen im 14. Jahrhundert trotzdem nicht ab. Graf Hugo von Hohenberg ehelichte vor 1341 Ursula von Pfirt, eine Verwandte der Gemahlin Herzog Albrechts des Lahmen von Habsburg. Müller, Regesta Hohenbergica (wie Anm. 35), Nr. 45.

[54] Hagen, Entwicklung (wie Anm. 44), S. 2.

[55] Ebd., S. 3.

konnte mit seinen drei Heiraten[56] – mit Margarete von Fürstenberg und Ursula von Öttingen – wohl keine Vergrößerung seiner Herrschaft erreichen.[57] Albrecht scheint mit seinen Brüdern Burkhard und Ulrich zumindest bis 1275 wenigstens Teile des Familienbesitzes gemeinsam verwaltet zu haben.[58] Danach teilten Burkhard und Albrecht die Herrschaft – Ulrich war bereits gestorben –, wobei der Neckar die Grenzlinie zwischen beiden Herrschaftsteilen bildete. Burkhard erhielt die nördliche Hälfte einschließlich Ergenzingen, Wolfenhausen und Remmingsheim. Er wurde dadurch der Stammvater der Nagold-Wildberger Linie. Albrecht erhielt den Stammbesitz einschließlich der Fernbesitzungen und wurde der Begründer der Rottenburger Linie. Obwohl Albrecht einer der glänzendsten und einflußreichsten Grafen Südwestdeutschlands war, haben offensichtlich der Reichsdienst und der Zwang, sieben oder acht Erbtöchter ausstatten zu müssen, zum wirtschaftlichen Niedergang seiner Linie der hohenbergischen Familie geführt, die schließlich 1381 ihre Grafschaft an Leopold von Österreich verkaufen mußte.[59]

4. Albrecht als Territorialherr

Albrechts Herrschaft setzte sich aus Allod, Kirchen- und Reichslehen zusammen, aus der Herrschaft über Städte, Burgen, Dörfer, aus Schirmrechten über Klöster, Geleit und Forstregalen sowie Schirm- und Herrschaftsrechten, die er als Reichslandvogt wahrnahm. Obwohl die Vielzahl der Rechte und Gerechtigkeiten nicht zu einem eigentlichen Territorium zusammengewachsen war,[60] wurden die Hohenberger bereits 1226 als »comites« bezeichnet.[61] 1295 sprachen Zeugen in einer Kundschaft von »Hohenberg der graveschaft«.[62] Die alten Forstbezirke im Scherragau, die Waldrechte auf dem Rammert, auf dem Spitzberg, im Kirchspiel Altensteig und bei Nagold eigneten sich nicht dazu, einen geschlossenen territorialen Herrschaftsbezirk aufzubauen.[63]

---

[56] Herkunft, Name und eine eventuelle Mitgift der ersten Frau sind unbekannt.
[57] Schmid, Grafen von Zollern-Hohenberg (wie Anm. 9), S. 111 f.
[58] »Cuius dominium et proprietas ad nos et fratres nostros karissimos B. et Vl. spectabat« (16. April 1275). Schmid, Monumenta Hohenbergica (wie Anm. 9), S. 49, Nr. 71.
[59] Schmid, Monumenta Hohenbergica (wie Anm. 9), S. 659 f., Nr. 672. Franz Quarthal, Landstände und landständisches Steuerwesen in Schwäbisch-Österreich, Stuttgart 1980, S. 57 f.; ders., Verwaltung der Grafschaft Hohenberg (wie Anm. 35), S. 541–564; Karlheinz Geppert, Die Erwerbung der Grafschaft Hohenberg durch Habsburg 1391, in: Vorderösterreich nur die Schwanzfeder des Kaiseradlers? Die Habsburger im deutschen Südwesten, hrsg. vom Württembergischen Landesmuseum Stuttgart, Stuttgart 1999, S. 120–127.
[60] Vgl. die Zusammenstellung der Rechtstitel in der Verkaufsurkunde vom 26. Oktober 1381. Schmid, Monumenta Hohenbergica (wie Anm. 9), S. 659 f., Nr. 672.
[61] Hagen, Entwicklung (wie Anm. 44), S. 17 mit Belegen.
[62] Schmid, Monumenta Hohenbergica (wie Anm. 9), S. 120, Nr. 151.
[63] Hagen, Entwicklung (wie Anm. 44), S. 27–32.

Franz Quarthal

Schwerpunkte der Herrschaft Albrechts waren der Bezirk um die Burg Hohenberg mit den Burgen Wehingen, Straßberg, Kallenberg, Schmeien und Neuhohenberg bei Fridingen, dazu kamen Burg und Herrschaft Werenwag, die Burgen Neckarburg und Haigerloch. An Städten besaß Albrecht Ebingen (um 1250 Stadt), vielleicht Fridingen (um 1300), Schömberg (1269) und Haigerloch (vor 1237). Bei Rottenburg gehörte ihm die Burg Rotenburg, heute Weilerburg, mit Zubehör.[64] Horb mit Zubehör besaß er mit seinem Bruder gemeinsam.[65] Dazu kamen die Herrschaft Boihingen,[66] Anteile an der Olftenmühle in Esslingen,[67] die Burg Helmsheim mit Zubehör,[68] die Burg Wiesneck im Zartental,[69] Güter in Endingen,[70] ein Teil der Herrschaft Hewen,[71] sowie die Herrschaft Albrechtstal im Elsaß, die als Mitgift mit Gertrud von Hohenberg an Rudolf von Habsburg kam, sich aber 1293 wieder in der Hand Albrechts befand.[72] Als Landvogt hatte Albrecht die Nutznießung der Einkünfte der Reichsburg Achalm, von Stadt und Burg Markgröningen, der Stadt Bönnigheim sowie von Cannstatt.[73] Einkünfte von Rottweil und Epfendorf waren zeitweise durch Rudolf von Habsburg an ihn versetzt worden. Vogteirechte übte er, teilweise zusammen mit seinem Bruder Burkhard, über die Klöster Kirchberg, Hemmendorf und über einen Teilbesitz von Bebenhausen aus.

Albrecht II. trat 1258, also im Alter von etwa 18 Jahren, erstmals eigenständig handelnd auf, nachdem sein Vater 1253 bei Deckenpfronn von einem Blitz erschlagen worden war.[74] Entsprechend den Überlieferungssträngen erscheint Albrecht im engeren Gebiet des oberen Neckars zumeist zugunsten des Klosters Kirchberg handelnd, des Klosters Rottenmünster oder im Zusammenhang mit Besitzungen des Klosters Kreuzlingen, sowie um Schenkungen seiner Ministerialen zu bestätigen oder um Streitigkeiten zu schlichten. 1271 trat Albrecht dabei als Graf von Haigerloch, 1273 als Graf von Rotenburg, 1274 als »Albertus dej gratia Comes de Hohenberc« in Urkunden die jeweilige Region betreffend auf. Dies macht die Offenheit seiner Residenzsituation deutlich.[75] Sein wesentlicher Herrschaftsbeamter zu dieser Zeit war »Heinricus scriba«, der auch als

---

64 Unter seinem Onkel ist die »Rotinburch« der Sitz eines Herren, der über die Leute im »nechirgav« die gräfliche Gerichtsbarkeit ausübt. Schmid, Grafen von Zollern-Hohenberg (wie Anm. 9), S. 18.
65 Hagen, Entwicklung (wie Anm. 44), S. 69–76.
66 Ebd., S. 85 f.
67 Ebd., S. 88.
68 Ebd., S. 89.
69 Ebd., S. 91.
70 Oktober 1284: Schmid, Monumenta Hohenbergica (wie Anm. 9), S. 73 f., Nr. 101.
71 Hagen, Entwicklung (wie Anm. 44), S. 92.
72 Ebd., S. 93.
73 Schmid, Grafen von Zollern-Hohenberg (wie Anm. 9), S. 66–70.
74 Schmid, Monumenta Hohenbergica (wie Anm. 9), S. 20 f., Nr. 39.
75 Schmid, Grafen von Zollern-Hohenberg (wie Anm. 9), S. 32.

22

»notarius« bezeichnet wurde, vielleicht identisch mit dem »Kappadocier« und dem Kirchherrn Heinrich von Tieringen.[76]

Über wesentliche Erwerbungen in seinem Herrschaftsgebiet ist zur Zeit Albrechts II. nichts bekannt. Die Besitzungen im Albrechtstal, die als Mitgift seiner Schwester Gertrud an die Habsburger gekommen waren, konnte er 1293 zurückerwerben. Ebenso verschrieb ihm seine Tochter Agnes ihre Morgengabe aus der Ehe mit Graf Albert von Tirol, nachdem sie 1291 Witwe geworden war. Es hat den Anschein, als wäre Albrechts Energie durch den Einsatz für die Habsburger und das Reich aufgebraucht worden. Auch in seiner eigenen Herrschaft dürfte es ähnlich wie bei den Habsburgern gewesen sein, denen durch den Verlust der Königskrone auf Dauer die Zusammenfügung von Haus- und Reichsamtsgut zu einem einheitlichen Komplex nicht gelungen war. Vom Gesichtspunkt der Herrschaftsbildung war das Amt des Reichlandvogtes für Albrecht sicher kein Gewinn. Lediglich die Gründung der Stadt Rottenburg bedeutete eine wesentliche Stärkung der Herrschaft Hohenberg.

Albrecht veräußerte 1285 an König Rudolf die Burg Neuenbürg und die Hälfte der Burg Kirchheim, wofür dieser ihm beachtliche Anteile aus den Reichseinkünften in Rottweil überließ,[77] sowie die Burg Neu-Höwen.[78] 1293 verkaufte er die Burg Wiesneck im Breisgau. 1296 mußte Albrecht wohl kurzfristig die Stadt Rottenburg an den Herzog Rudolf von Bayern, seinen Verwandten von Mutterseite her, versetzen, da dieser für eine Schuld bei Markgraf Heinrich von Burgau – wohl die Mitgift der Tochter Albrechts – eingetreten war. Insgesamt ergaben sich aber im Gefüge der Herrschaft Hohenberg zur Zeit Albrechts keine großen Veränderungen.

5. Die Gründung der Stadt Rottenburg

Die für den Raum am oberen Neckar langfristig bedeutendste Tat Graf Albrechts II. von Hohenberg war die Gründung der Stadt Rottenburg an der sogenannten »Porta suevica«, also an der Stelle, wo das Neckartal sich nach einer längeren Engführung zu einem großen und fruchtbaren Talkessel weitet, wo zudem eine Furt eine Neckarüberquerung ermöglichte und wo sich die Ost-West-Straße von Ulm nach Straßburg mit einer Nord-Süd-Straße von Pforzheim nach Rottweil und in den Schweizer Raum kreuzte. Auf die komplizierte und

---

[76] Schmid, Monumenta Hohenbergica (wie Anm. 9), S. 47 f., Nr. 69 f.; 1277 Februar 24: »Hainricum dictum notarium de Jhlingen«. Schmid, Monumenta Hohenbergica (wie Anm. 9), S. 50, Nr. 73. Quarthal, Verwaltung der Grafschaft Hohenberg (wie Anm. 35), S. 546, und Müller, Regesta Hohenbergica (wie Anm. 35), Nr. 3.

[77] Schmid, Grafen von Zollern-Hohenberg (wie Anm. 9), S. 37.

[78] Schmid, Grafen von Zollern-Hohenberg (wie Anm. 9), S. 38.

Franz Quarthal

mehrfach diskutierte Vorgeschichte der Siedlungen im späteren städtischen Raum von Rottenburg soll hier nicht eingegangen werden. In aller Kürze sei aber die siedlungsgeographische Situation rekapituliert: Links des Neckars lag in etwa vier Kilometern Entfernung das alemannische Großdorf Sülchen mit einer Martinskirche, auf der Höhe des Spitzberges oberhalb Wurmlingen eine Kapelle mit einer Pfarrei mit Remigiuspatrozinium, links des Neckars das alemannische Großdorf Ehingen, ebenfalls mit einer Remigiuskirche. Auf der gleichen Neckarseite, am Neckarufer, lag möglicherweise bereits eine Mauritiuskirche, gestiftet durch den mit dem Grafenhaus Dillingen verwandten Bischof Ulrich I. von Konstanz, dessen Stiftung im Jahre 1127 durch Bischof Ulrich II. von Konstanz vollzogen wurde. Auf der nördlichen Neckarseite, gegenüber von Ehingen an der Neckarfurt, lag ein Meierhofkomplex, vielleicht verbunden mit einem Herrensitz. Möglicherweise lag dieser Herrensitz bereits damals schon im Bereich des späteren Schlosses auf einer Anhöhe oberhalb dieses Siedlungskomplexes. Fünf Kilometer südlich von Ehingen, auf einer Anhöhe des Rammerts, lag eine Burg der Freien von Rotenburg. Es ist plausibel, daß diese Burg zunächst den Namen »Rotenburg« trug und dieser abgeleitet war von dem Waldstücknamen »Rotenberg«, der 1363 im Rammert belegt ist.[79] Es wurde auch bereits vermutet, daß der Name Rotenburg zunächst dem Herrensitz bei den Meierhöfen nördlich des Neckars zukam, wegen der Wiederverwendung römischer roter Ziegel. Eine Benennung eines edelfreien Geschlechtes nach einer Niederburg erscheint mir aber nach den Bräuchen der Zeit wenig wahrscheinlich. Falls die von Jänichen vermutete Verwandtschaft der Freien von Rotenburg im Neckarraum mit denen bei Luzern zutrifft, so dürfte der Name Rotenburg eher von Rottenburg nach Luzern übertragen worden sein als umgekehrt.[80]

Wie dem auch sei, letztlich ist am plausibelsten, daß die Burg oberhalb von Weiler, die heutige Weilerburg, bereits im 11. Jahrhundert den Namen Rotenburg trug und daß der Burgname dann auf die neue Siedlung übertragen wurde. Ein Walter von Rotenburg wird 1140 als Wohltäter der Klöster Hirsau und Reichenbach genannt. Mit ihm verwandt waren wohl Adalbert von Rotenburg und sein Sohn Konrad, der um diese Zeit ebenfalls Hirsau bedachte. Der Name Hupold als Stammvater dieses Geschlechtes stützt die Vermutung, daß es sich um eine Nebenlinie des Hauses Dillingen handeln könnte, in der dieser Name häufig vorkommt. Die Rechtsfolger der Herren von Rotenburg wie auch der benachbarten Herren von Hurningen waren schließlich die Grafen von Hohenberg, die um 1170/80 in diesem Raum Fuß fassen konnten.[81] Da diese Grafen auch an-

---

[79] Es wäre natürlich denkbar, daß dieses Waldstück wiederum von der Rotenburg benannt ist und deswegen die Namensgebung umgekehrt lief.

[80] Hans Jänichen, Die Grafen von Froburg und die Herren von Rotenburg, in: ders., Herrschafts- und Territorialverhältnisse um Tübingen und Rottenburg im 11. und 12. Jahrhundert, Stuttgart 1964, S. 79–85, hier S. 83.

[81] Der Landkreis Tübingen. Amtliche Kreisbeschreibung, Bd. 3, Stuttgart 1974, S. 298.

Graf Albrecht II. von Hohenberg

derwärts Lehen des Hochstifts Bamberg innehatten, kann unter Umständen ein Teil der hiesigen Rechte von dem Hochstift als Lehen oder Teilvogtei übergeben worden sein.

Im Jahre 1225 nannte sich Albrecht »dominus de rotinburc«, Sohn des Burkhard von Zollern, und siegelte mit dem Siegel seines verstorbenen Bruders Burkhard, das die Umschrift »Burcardus comes de hohenberc« trug.[82] Diese Nennung war zweifellos noch auf die Burg, die an der Stelle der heutigen Weilerburg stand, zu beziehen. Wie sich die Siedlung im Bereich der Neckarfurt in den nächsten Jahrzehnten entwickelte, ist unbekannt.

Die beiden nächsten Nennungen des Namens Rotenburg entstammen jeweils Klosterarchiven, einmal dem Archiv des Klosters Stetten bei Hechingen, zum andern dem des Klosters Kirchberg. Beide Male war der Aussteller der originalen Urkunde Pfalzgraf Hugo von Tübingen. Im einen Fall, 1264, schenkte Pfalzgraf Hugo von Tübingen die Güter, die Walter Maistiman von Rothenburg dem Ritter Berthold von Ehingen abgekauft hatte, dem Kloster Stetten.[83] Im anderen Fall bestätigt Pfalzgraf Hugo von Tübingen die Übergabe des halben Zehnten und des halben Hofes zu Ergenzingen durch den Rottenburger Bürger Konrad von Härter und dessen Frau an Kloster Kirchberg im Jahre 1274.[84] Die Familie Härter hat ihren Besitzschwerpunkt in Dusslingen, wo sie mehrfach genannt ist. Es handelt sich um ein Ministerialengeschlecht, das im 13. Jahrhundert im Raum zwischen Steinlachtal und oberem Neckar vielfältig tätig war. Man hat aus der Nennung eines »civis« geschlossen, daß die Siedlung Rottenburg damals schon städtischen Charakter gehabt hätte, was mir jedoch angesichts anderer Quellen und der Tatsache, daß die Urkunde zum einen nur kopial im 15. Jahrhundert überliefert wurde und zum anderen sämtliche Zeugen Bürger von Horb und nicht von Rottenburg sind, und daß zudem »Kunradus dictus herterius« im Jahre 1265 als »Civis in Horvve« genannt ist,[85] nicht als unbedingt stichhaltig erscheint. Konrad Härter dürfte Bürger in Horb gewesen sein, hatte Besitz in Ergenzingen, Herrenberg und Rottenburg. Er war wie die meisten Angehörigen führender Geschlechter im Neckarraum im 13. und im frühen 14. Jahrhundert nicht nur einer Stadt verbunden. Die Bezeichnung »civis« muß also nicht unbedingt etwas über die Rechtsqualität von Rottenburg aussagen. Eine Stadtgründung durch Graf Albrecht vor 1280 anzunehmen stößt auch deswegen auf

---

[82] Schmid, Monumenta Hohenbergica (wie Anm. 9), S. 10f., Nr. 26.
[83] Isenburg 1264, November 11. Waltherus dictus Maistiman de Rothenburg ist der Käufer des Gutes des »Bertholdo milite de ehingen«. WUB, Bd. 6, Nr. 1764. Es wäre denkbar, daß ein auf der Burg Rotenburg gesessener Ministeriale dem Ritter Berthold von Ehingen ein Gut abkauft. Ebenso möglich ist aber auch die Interpretation, daß ein in Rottenburg ansässiger Ministeriale diesen Kauf tätigt. Die Lokalisierung von »Rothenburg« ist nicht eindeutig möglich.
[84] Ebd., Bd. 7, Nr. 2379.
[85] Ebd., Bd. 6, Nr. 1773.

Schwierigkeiten, da Albrecht erst nach dem Tode seines Bruders Ulrich (vor 1281, nach 1277) in der Lage war, selbständig im Rottenburger Raum Entscheidungen zu treffen.[86] Zwei andere Zeugnisse dürften dafür eindeutig sein. Es handelt sich um die beiden zeitgenössischen Chroniken, die im südwestdeutschen Raum entstanden sind, einmal die »Annales Sindelfingenses« die in dem entsprechenden Abschnitt um 1290 verfaßt wurden und deren Verfasser, Konrad von Wurmlingen, zu Graf Albrecht II. von Hohenberg in enger Beziehung stand.[87] Zum andern handelt es sich um die kurz nach 1292 in einem schwäbischen Franziskanerkonvent abgefaßten »Flores temporum«.[88] In den Sindelfinger Annalen heißt es zum Jahre 1280 eindeutig: »Civitas nova prope rotinburch muris et novis aedificiis fuit in coata«.[89] (In diesem Jahr begann man mit dem Bau der neuen Stadt bei Rottenburg, mit Mauern und neuen Gebäuden.) In den »Flores temporum« wird zum Jahr 1281 berichtet: »1281, in quadragesima rotenburch super necarum reetificatur, ubi retroactis temporibus egregia civitas fuit«.[90] (Im Jahre 1281 wurde Rottenburg am Neckar an einer Stelle wiedererbaut, wo in verflossenen Zeiten sich eine bedeutende Stadt befunden hatte.) Noch deutlicher ist eine Urkunde vom 26. Mai 1293, in der die Schlichtung eines Zehntstreites zwischen dem Kloster Kreuzlingen für die Pfarrei St. Remigius in Ehingen und dem Pfarrer der Kirche in Sülchen festgehalten wurde.[91] In dem von den Richtern der Konstanzer Kurie beurkundeten Vergleich heißt es, daß das Kloster Kreuzlingen behauptet habe, seit unvordenklichen Zeiten im Besitz des Zehntrechtes bestimmter Grundstücke, Äcker und Güter zu sein »in loco quundam antiqua civitas dicta, ubi nunc est civitas dicta rothenburch«, und daß auf diesen Grundstücken, Äckern und Gütern von neuem Häuser erbaut worden seien, »de novo domus in edificatae fuisent«, von denen dem Kloster nunmehr auch der Zehnt zustünde. Der Streit wurde so geregelt, daß das Kloster zwar den Anspruch auf den Zehnt behielt, sich jedoch nicht wirklich durchsetzen konnte und ihn für jährlich 10 Pfund Heller an den Inkurat der Sülchenpfarrei verkaufte.[92]

---

[86] Schmid, Grafen von Zollern-Hohenberg (wie Anm. 9), S. 151–153.
[87] Annales Sindelfingenses (wie Anm. 50). Vgl. die Schenkung Konrads von Wurmlingen vom 3. Februar 1286, an der Albrecht von Hohenberg als Vogt von Bönnigheim mitwirkte. WUB, Bd. 10, Nr. 3508; Schmid, Monumenta Hohenbergica (wie Anm. 9), S. 80 f., Nr. 108.
[88] Flores temporum auctore fratre ordinis Minorum, hrsg. von O. Holder-Egger, in: Annales aevi Suevici. Supplementa tomorum XVI et XVII. Gesta saec. XII, XIII. Supplementa tomorum XX-XXIII, Stuttgart 1964 (MGH SS 24), S. 226–250. Quarthal, Mittelalterliche Städte (wie Anm. 46), S. 29.
[89] Annales Sindelfingeses (wie Anm. 50), S. 44, Nr. 103.
[90] Flores temporum (wie Anm. 88), S. 242.
[91] 26. Mai 1293: WUB, Bd. 10, Nr. 4386.
[92] Schmid, Monumenta Hohenbergica (wie Anm. 9), S. 108 f., Nr. 137.

Zieht man daraus ein Fazit, so dürfte es so gewesen sein, daß im Jahr 1280 Graf Albrecht II. beschloß, neben einer bestehenden Weilersiedlung an der Furt über den Neckar und bei einem eventuell bestehenden herrschaftlichen Hof eine neue, planmäßig angelegte Stadt zu errichten. Der Name »Neustadt« wurde nicht nur, wie in vielen anderen Fällen, wegen der Neuartigkeit der Stadtanlage an sich gegeben, sondern weil innerhalb des zu überbauenden Areals noch deutliche Ruinenreste zu erkennen waren. Diese Reste waren als Gebäude zu identifizieren, denn in den Sindelfinger Annalen heißt es, die Stadt sei mit »novis aedificiis« gebaut worden. Die »Flores temporum« sprechen sogar davon, daß Rottenburg wiedererbaut worden sei (»reedificatur«). Da es sich um Reste von Steinbauten handelte – damals im südwestdeutschen Raum auch in Städten noch eine seltene Bauweise[93] – schloß der Chronist der »Flores temporum«, daß es sich um eine »urbs egregia« gehandelt haben mußte. Albrecht von Hohenberg gründete also neben Reutlingen, über das er als Reichsvogt großen Einfluß hatte, neben Haigerloch und Horb, über die er selber verfügte, neben Tübingen und Herrenberg, das den Pfalzgrafen von Tübingen zustand, neben Hechingen und Balingen, die die Grafen von Zollern als Stadtherren hatten, an einer topographisch wichtigen Stelle eine neue Stadt. Diese Siedlung entstand in Konkurrenz und in Auseinandersetzung mit dem Kloster Kreuzlingen, das in diesem Raum ältere Rechte hatte und das wohl durch die Stadtgründung aus dem Gebiet verdrängt wurde. Auf die komplizierte Frage der Rolle der »Altstadt« bei Rottenburg und des Dorfes Ehingen, das zu dieser Zeit ebenfalls als »civitas« erscheint, sowie der komplizierten Pfarreiverhältnisse zwischen Ehingen und Rottenburg soll hier nicht eingegangen werden.[94]

Die bauliche Entwicklung der Stadt vollzog sich in einem längeren Zeitraum, wie dies damals üblich war. Als eines der ersten Gebäude wurde die Liebfrauenkapelle am Markt errichtet,[95] bis 1293 standen zahlreiche Häuser, doch war die Bebauung noch so locker, daß Rottenburg im Jahre 1292 als »locus initus«, als »angefangener Ort«, bezeichnet werden konnte.[96] Immerhin stand 1291 bereits so viel, daß Graf Rudolf von Hohenberg seine Vermählung in »civitate prope tuvingen rothinburch« feiern konnte.[97] Noch 1295 wurde an der Stadt weitergebaut; in diesem Jahr schenkten Albrecht von Hohenberg und seine Gemahlin der Stadt das Ungeld und den Untergang, »daz man damit die vorgenannten stat zu rothenburch beidin bezzer und buwe«.[98] Im Jahre 1296 war zumindest einer

[93] Franz Quarthal, Das Steinhaus und die Nikolauskapelle des kaiserlichen Notars Marquardt in der historischen Überlieferung, in: Forschungen und Beiträge der Archäologie des Mittelalters in Baden-Württemberg 7 (1981), S. 357 f.
[94] Quarthal, Mittelalterliche Städte (wie Anm. 46), S. 29–34.
[95] Adalbert Baur, Die Liebfrauenkapelle am Markt zu Rottenburg, in: Der Sülchgau 1966, S. 3–27, hier S. 14 f.
[96] WUB, Bd. 10, Nr. 4256.
[97] Annales Sindelfingenses (wie Anm. 50), S. 67, Nr. 233.
[98] WUB, Bd. 10, Nr. 4740.

der Stadttürme fertig.[99] Die Ringmauer der Stadt erscheint seit 1315 in den Quellen, zwei Jahre später die Neckarbrücke, deren Bau wiederum die Existenz der Spitalstadt voraussetzt.[100] Das in der Stadt gelegene Karmeliterkloster, nach chronikalischen Berichten im Jahre 1276 von Graf Albert II. von Hohenberg gestiftet, wurde 1292 durch den Bischof von Konstanz in seinen Rechten bestätigt.[101] Dies bedeutet, daß die Baulichkeiten bis dahin weitgehend abgeschlossen waren. 1295 wird der erste Adelshof in Rottenburg, »des owers hus«, genannt.[102]

6. Albrecht II. und sein Verhältnis zur Kirche

Überblickt man die kirchlichen Stiftungen Graf Albrechts von Hohenberg, so erreichen sie in ihrem Umfang nicht die Bedeutung etwa der von den Pfalzgrafen von Tübingen ins Leben gerufenen Klöster. Albrechts Vater, Burkhard III., stiftete 1237 das Dominikanerinnenkloster Kirchberg, dessen Konvent zur Zeit der Stiftung etwa 30, zur Zeit der Herrschaft Graf Albrechts II. etwa 60–80 Nonnen umfaßte.[103] Im Jahre 1252 wurde das Kloster Reuthin bei Wildberg im Nagoldtal gestiftet, das schon früh zu einer Grablege zahlreicher Hohenberger wurde.[104] Kirchberg scheint erst nach dem Tode Graf Burkhards III. im Jahre 1253, unter Umständen erst nach dem Tode der zweiten Gemahlin Albrechts II. im Jahre 1296, zur Grablege der Hohenberger geworden zu sein. Eine Stiftung Albrechts ist wohl das Karmeliterkloster in Rottenburg im Jahre 1276. Als Landvogt und Lehensherr tritt er mehrfach als Wohltäter umliegender Klöster, wie etwa des

---

[99] 16. März 1296: ebd., Nr. 4822.

[100] Quarthal, Mittelalterliche Städte (wie Anm. 46), S. 31.

[101] 19. Mai 1292: WUB, Bd. 10, Nr. 4256. Adalbert Baur, Beiträge zur Kirchengeschichte der Stadt Rottenburg, Tl. 1: Geschichte der Pfarreien und deren Einrichtungen, in: Rottenburger Jahrbuch für Kirchengeschichte 1 (1982), S. 173–197, Tl. 2: Die Klöster, ebd., 3 (1984), S. 89–98, hier S. 89 f.

[102] 25. Juni 1295: WUB, Bd. 10, Nr. 4693. Dieter Manz, Die Herren von Ow und ihre Beziehungen zu Rottenburg, in: Franz Quarthal / Gerhard Faix, Adel am oberen Neckar. Beiträge zum 900jährigen Jubiläum der Familie von Ow, Tübingen 1995, S. 355–394, hier S. 370. – Auffällig ist, daß im »Liber decimationis« nichts von einer zweiten Kirche (Morizkirche) in Ehingen und deren Einkünften gesagt wird. Auch hier wäre nochmals zu überdenken, ob die Morizkirche tatsächlich lange vor 1320 bestand. Liber decimationis, in: FDA 1 (1865), S. 57–59. Im »Liber taxationis« von 1353 sind das Ehinger Kolleg und Ehingen mit seinen Filialkirchen in Ow (Nieder- oder Obernau), Kalkweil, der Altstadtkapelle und der St.-Jodokus-Kapelle genannt. Liber taxationis, in: FDA 5 (1870), S. 99.

[103] Krauß, Kirchberg (wie Anm. 37); Müller, Schwesternbuch (wie Anm. 37).

[104] Friedrich Gand, Maria-Reuthin. Dominikanerinnenkloster und Hohenberger Grablege, Göppingen 1973; ders., Maria-Reuthin und die Grafen von Hohenberg, in: Schwäbische Heimat 25 (1974), S. 6–17; ders., Das verlorene Seelbuch des Klosters Maria-Reuthin, Böblingen 1979.

Klosters Bebenhausen,[105] auf. Dominikaner und Karmeliter sind Orden, die in ihrer Ausrichtung den Bedürfnissen einer städtischen Gesellschaft entgegenkamen. Die große Zeit der Prämonstratenser, Zisterzienser und Benediktiner war zu Lebzeiten Albrechts bereits vorüber, so daß verständlich wird, daß sich seine Stiftungen auf die neuen, die städtischen Orden richteten. Eine übergroße Neigung zu kirchlichen Stiftungen wird man Albrecht allerdings nicht nachsagen können. Das Karmeliterkloster blieb in seiner Dotierung bescheiden; auch bei Kirchberg und Reuthin traten die Hohenberger nicht mit übergroßen Schenkungen hervor. Die beiden Klöster entwickelten sich jedoch zu bedeutenden Grablegen der Familie. Sie verkörperten die geistigen und geistlichen Mittelpunkte der hohenbergischen Herrschaft, bis zu Anfang des 13. Jahrhunderts Rottenburg mit dem Moritzstift, das 1323 gegründet wurde, den beiden Frauenklöstern den Rang ablief.[106] Einzelne gut dotierte Pfarrstellen nutzte Albrecht von Hohenberg, wie dies zeitüblich war, zur Versorgung seiner Kinder.[107] So war sein Sohn Albrecht IV. († 1317) Kirchrektor in Bondorf.[108] Diepold, ein Vetter Albrechts, war Pfarrer in Weildorf bei Haigerloch.[109] Ganz sicher nicht einfach war sein Verhältnis zum Kloster Kreuzlingen,[110] da er seine Stadtgründung innerhalb der römischen Stadtmauern ganz offensichtlich nur durch eine rücksichtslose Verdrängung des Remigiuspfarrers von Ehingen durchsetzen konnte, und damit massiv in die Rechte des Klosters eingriff.[111]

---

[105] Jürgen Sydow, Die Zisterzienserabtei Bebenhausen. Das Bistum Konstanz 2 (Germania Sacra N. F. 16), Berlin/New York 1984, S. 107.

[106] Baur, Beiträge zur Kirchengeschichte 2 (wie Anm. 101), S. 90 f.; ders., Die Anfänge des Chorherrenstiftes St. Moriz in Ehingen a. N., in: Festschrift Reinhold Rau, Beilage zu: Der Sülchgau 1967; Manz, Gotteshäuser (wie Anm. 38), S. 10.

[107] Der Pfarrer Diepold von Weildorf bei Haigerloch war ein »patruus« (Oheim, Vetter, Vettersohn?) Graf Albrechts II. von Hohenberg (27. April 1260). Schmid, Monumenta Hohenbergica (wie Anm. 9) S. 22, Nr. 41.

[108] Vgl. Schmid, Grafen von Zollern-Hohenberg (wie Anm. 9), S. 159.

[109] Vgl. Schmid, Grafen von Zollern-Hohenberg (wie Anm. 9), S. 329. Im 14. Jahrhundert hatte Graf Albrecht V. zehn Pfarrpfründen inne: die von Rußbach, Schömberg, Überlingen, Diözese Passau und Konstanz, und des hl. Stephan von Wien, Mengen, Bondorf, Köngen, Eutingen, Weildorf und Oberehnheim, Diözese Passau, Konstanz und Straßburg. Müller, Regesta Hohenbergica (wie Anm. 35), Nr. 59. 1347 gestattete ihm Papst Clemens als erwähltem Bischof von Würzburg, da er in seinem Kampf mit Albert von Hohenlohe um die Kirche zu Würzburg große Ausgaben gehabt hatte, die Kirchen in Wien, Mengen, Bondorf, Köngen, Eutingen, Weildorf und Oberehnheim, Diözese Konstanz, Passau und Straßburg, wegen deren unkanonischer Besitznahme er ihn schon früher rehabilitiert hatte, bis zur Erlangung des Würzburger Bistums zu behalten, und entband ihn bis zu diesem Zeitpunkt von der Verpflichtung die Weihen zu empfangen. Müller, Regesta Hohenbergica, Nr. 70: 16. November 1347.

[110] Konrad Kuhn, Das Regulierte Chorherrnstift Kreuzlingen, in: Geschichte der thurgauischen Klöster (Thurgovia Sacra, Bd. 2,2), Frauenfeld 1879, S. 241–375; Baur, Beiträge zur Kirchengeschichte 2 (wie Anm. 101), S. 97.

[111] Quarthal, Mittelalterliche Städte (wie Anm. 46), S. 30.

7. Albrecht II. als Verbündeter König Rudolfs

Überblickt man das Leben Graf Albrechts von Hohenberg, so ist offensichtlich, daß er einen großen Teil davon dem Verwaltungsdienst sowie militärischen und politischen Missionen für König Rudolf von Habsburg widmete.[112] In den Jahren zwischen 1273 und 1291 hatte er nur wenig Zeit, sich dem Auf- und Ausbau der eigenen Herrschaft zu widmen. Zwar war er 1273 nicht unter Rudolfs Gefolge bei der Königswahl, doch empfing er Rudolf mit den Speyrer Bürgern bei dessen Rückkehr von Frankfurt.[113] Im Jahre 1274 hielt er sich bei mehreren Hoftagen seines königlichen Schwagers auf, in Hagenau, auf der Achalm und in Rotten-burg, immer wieder zusammen mit dem Burggrafen von Nürnberg, Friedrich von Zollern, und Heinrich von Fürstenberg. 1275 war er auf dem Hoftag in Augsburg, 1275 in Lausanne, 1276 in Nürnberg und Ulm, 1281 in Nürnberg, 1282 in Ulm, Weißenburg im Elsaß und Augsburg, 1283 in Rheinfelden, 1284 in Germersheim, 1286 in Augsburg, 1287 in Würzburg, 1288 zu Mainz und Ulm, 1290 in Erfurt und 1291 zu Hagenau.[114]

Graf Albrecht II. von Hohenberg war nicht nur der Träger rudolfinischer Revindikationspolitik in Schwaben, er unterstützte Rudolf auch in seinen Kämp-fen um das Herzogtum Österreich. An dem Feldzug König Rudolfs gegen König Ottokar von Böhmen wegen der Verweigerung des Lehenseides, der im Septem-ber des Jahres 1276 eröffnet wurde, nahm Albrecht mit seinem Bruder Burkhard teil. Die beiden trafen den König zusammen mit anderen südwestdeutschen Gra-fen am 26. September in Passau und begleiteten ihn auf seinem Zug nach Wien.[115] Sie befanden sich auch bei der Belehnung Ottokars nach dem Friedens-schluß am 21. November im Gefolge Rudolfs. Am 2. Februar war Albrecht in Schwaben, kehrte aber im Juli 1277 wieder nach Wien zu König Rudolf zu-rück.[116] Da sich Ottokar nicht mit der Niederlage abfinden wollte und 1278 erneut rüstete, rief Rudolf in bedrängter Lage wieder ein Heeresaufgebot in Wien zusammen. Der König richtete eine dringende Aufforderung an Albrecht, dort mit einem eigenen Aufgebot zu erscheinen, wobei er ausdrücklich an die verwandtschaftlichen Bande appellierte, sagte ihm Belohnung und Beförderung

---

[112] Oswald Redlich, Rudolf von Habsburg. Das Deutsche Reich nach dem Untergang des alten Kaisertums, Innsbruck 1903, Nd. Aalen 1965, passim; Hans Georg Hofacker, Die schwäbischen Reichslandvogteien im späten Mittelalter, Stuttgart 1980, S. 130, 148 f., 150, 154, 156.

[113] Schmid, Grafen von Zollern-Hohenberg (wie Anm. 9), S. 83.

[114] Ebd., S. 83–89.

[115] Ebd., S. 70–72.

[116] Ebd., S. 72 f. 21. Juli 1277: Schmid, Monumenta Hohenbergica (wie Anm. 9), S. 52 f., Nr. 76.

zu und drohte seine Ungnade für den Fall des Ausbleibens an.[117] Wegen der kriegerischen Lage in Schwaben war es Albrecht trotzdem nicht möglich, Rudolfs Aufforderung Folge zu leisten, so daß die Schlacht bei Dürnkrut, in der Ottokar Schlacht und Leben verlor,[118] aber auch König Rudolf in höchste Lebensgefahr geriet, ohne ihn stattfand. Erst im Dezember 1278 war Albrecht mit seinem Bruder Burkhard wieder in Rudolfs Umgebung und wohnte vermutlich der Doppelverlobung der Kinder Rudolfs – seiner Neffen und Nichten – bei.[119] Auch an Rudolfs zweitem Feldzug gegen Markgraf Otto von Brandenburg nahm Albrecht teil; ebenso war er im Gefolge Rudolfs, als dieser am 31. August 1280 bei Tulln ein Kloster zum Dank für die Rettung seines Lebens in der Schlacht bei Dürnkrut stiftete.[120] Auch an einem weiteren Kriegszug Rudolfs gegen Graf Philipp von Savoyen im Sommer 1283, bei dem Rudolf das Waadtland, insbesondere Peterlingen und Murten, für das Reich zurückgewinnen wollte, beteiligte sich Graf Albrecht an wichtiger Stelle. Während der Belagerung brach Rudolf zu einem Plünderungs- und Verwüstungszug auf, um der Einschließung von Peterlingen größere Wirkung zu verleihen. Währenddessen betraute er Albrecht zusammen mit dem Burggrafen Friedrich von Nürnberg mit der Leitung der Belagerung, die nach sechs Monaten Dauer endlich zu einem erfolgreichen Frieden führte.[121] Als König Rudolf in den Jahren 1286/87 persönlich den Kampf gegen Graf Eberhard von Württemberg aufnahm, um ihn zur Herausgabe des staufischen Reichs- und Hausgutes zu zwingen,[122] war Albrecht erneut in seinem engeren Gefolge. Während Rudolf am 6. September 1286 den befestigten Kirchhof von Nürtingen einnahm, fiel Eberhard von Württemberg, unterstützt von Gefolgsleuten der Grafen von Helfenstein, im Gebiet der Pfalzgrafen Eberhard und Rudolf von Tübingen ein, der Mündel Albrechts von Hohenberg, und eroberte den befestigten Ort Weil im Schönbuch.[123] Bei der anschließenden Belagerung von Stuttgart durch Rudolf am 23. Okober 1286 war Albrecht beteiligt. Der mit Württemberg verbündete Graf Fridrich von Zollern benützte die Gelegenheit, um am selben Tag einen Angriff auf die Herrschaft von Albrechts Bruder Burkhard zu führen.[124] Bis zum Ende des Jahres blieb Albrecht im we-

---

[117] Schmid, Grafen von Zollern-Hohenberg (wie Anm. 9), S. 72 f.

[118] Andreas Kusternig, Probleme um die Kämpfe zwischen Rudolf und Ottokar und die Schlacht bei Dürnkrut und Jedenspeigen am 26. August 1278, in: Ottokar-Forschungen, redigiert von Max Weltin und Andreas Kusterning, Jahrbuch für Landeskunde von Niederösterreich N. F. 44/45 (1978/79), S. 226–311.

[119] 22. oder 29. Dezember 1278: Schmid, Monumenta Hohenbergica (wie Anm. 9), S. 58, Nr. 83.

[120] Schmid, Grafen von Zollern-Hohenberg (wie Anm. 9), S. 74 f.

[121] Ebd., S. 75 f.

[122] Eugen Schneider, Der Kampf Eberhards des Erlauchten von Württemberg gegen König Rudolf von Habsburg, Stuttgart 1886; Redlich, Rudolf von Habsburg (wie Anm. 112), S. 556–558, 561 f.

[123] Schmid, Grafen von Zollern-Hohenberg (wie Anm. 9), S. 77. Direkt daneben, in Waldenbuch, gehörten Albrecht Burg und Stadt, auf die Eberhard möglicherweise zielte.

[124] Schmid, Grafen von Zollern-Hohenberg (wie Anm. 9), S. 78.

sentlichen in der Nähe des Königs. Im Juli des folgenden Jahres schloß sich die schwäbische Grafenopposition zusammen, um sich endgültig der Revindikationspolitik Rudolfs entgegenzusetzen: die Grafen von Montfort, Helfenstein, Württemberg und Toggenburg, in der Sprache der zeitgenössischen Chronistik den Eingebungen des Teufels, des Feindes der Ruhe und des Friedens, folgend,[125] um sich zum Sturz König Rudolfs zu verschwören. Ende Juli 1287 erschien dieser mit einem starken Heer in Schwaben, wo er zwischen Ende Juli und Ende Oktober die Grafen von Helfenstein, Württemberg und Tübingen unterwarf.[126] Ob Albert dabei beteiligt war oder ob er in königlichem Auftrag Tübingen belagerte, muß offenbleiben.[127] Nachdem sich Rudolf nicht mit Waffengewalt endgültig hatte durchsetzen können, wurde Albrecht im Oktober 1287 zusammen mit anderen zum Schiedsrichter im Streit zwischen Rudolf und Graf Eberhard von Württemberg bestellt.[128]

Im Jahre 1289 rüstete König Rudolf im Zuge seiner Revindikationspolitik ein Heer gegen Graf Otto von Burgund, um dieses wieder dem Reich zu unterwerfen. An diesem Kriegszug beteiligten sich wiederum Albrecht und Burkhard von Hohenberg.[129] Die entscheidende Phase war vor Besançon erreicht, wo Rudolf nach einer mühevollen Belagerung sich entschloß, das burgundische Entsatzheer trotz ungünstiger Position anzugreifen. Dabei soll nach dem Bericht des steirischen Reimchronisten Ottokar Albrecht gebeten haben, die Reichssturmfahne tragen zu dürfen, wiederum ein Indiz für seinen Mut und seine Kämpfernatur.[130] Die Bereitschaft Pfalzgraf Ottos, Rudolf zu huldigen, machte die Schlacht unnötig und verhalf Rudolf zu einem politischen Erfolg.

Nimmt man alle Belastungen Graf Albrechts durch den richterlichen, verwaltungsmäßigen, diplomatischen und kriegerischen Dienst für das Reich unter König Rudolf von Habsburg zusammen, so bleibt in der Tat nur wenig für die Ausgestaltung einer eigenen Herrschaft in der nachstaufischen Zeit, in der so viele schwäbische Adlige ihren Besitz auf Kosten des Reiches skrupellos vermehrt haben. Als Fazit drängt sich die Feststellung auf, daß Albrecht die Inter-

---

[125] Gotfrid von Ensmingen: Hermannus Altahensis und andere Geschichtsquellen Deutschlands im dreizehnten Jahrhundert, hrsg. von Johann F. Boehmer, Nd. Aalen 1969 (Fontes rerum Germanicarum 2), S. 119 f.

[126] Christoph Friedrich von Stälin, Wirtembergische Geschichte, Bd. 3: Schwaben und Südfranken, Schluß des Mittelalters 1269–1496, Nd. Aalen 1975, S. 59–74.

[127] Schmid, Grafen von Zollern-Hohenberg (wie Anm. 9), S. 78. Jürgen Sydow, Geschichte der Stadt Tübingen, Bd. 1: Von den Anfängen bis zum Übergang an Württemberg 1342, Tübingen 1974. Dort ist davon nichts erwähnt.

[128] Hofacker, Reichslandvogteien (wie Anm. 112), S. 158 f.

[129] Schmid, Grafen von Zollern-Hohenberg (wie Anm. 9), S. 78–83.

[130] Es wäre allerdings auch möglich, daß er dies als Inhaber von Markgröningen tat, mit dessen Besitz die Reichssturmfahne verbunden war. Vgl. Schmid, Grafen von Zollern-Hohenberg (wie Anm. 9), S. 80–82.

essen seines eigenen Hauses während der Herrschaft König Rudolfs für die des Reiches und des Hauses Habsburg aufgeopfert, zumindest aber hintangestellt hat.

8. Albrecht in seinem politischen Handeln als Landvogt Rudolfs von Habsburg

In den Kämpfen zwischen staufischer und päpstlicher Partei nach 1241 war die staufische Verwaltungsorganisation in Schwaben weitgehend zerfallen und das Reichsgut sowie die staufische Ministerialität in die Hände gräflicher Dynasten geraten.[131] Obwohl die staufische Hausgutverwaltung bis in die 1270er Jahre in Oberschwaben weiterlebte, löste sich die »Terra imperii« »vakante Imperio Romano« auf. Nach der Auflösung der staufischen Herrschaftsorganisation in Schwaben während des Interregnums stieg südlich von Rhein und Bodensee Graf Rudolf von Habsburg zum bedeutendsten Territorialherrn auf und schuf sich aus Eigengut, okkupiertem Reichsgut und Reichsvogteien »Landgrafschaften«.[132] In Oberschwaben hielten sich Reste der staufischen Prokuration, da hier mächtige Dynasten wie im nördlichen und südlichen Schwaben zunächst fehlten.[133] Nach 1265 wurden hier die Montforter zur dominierenden Macht. Im nördlichen Schwaben wurden die Württemberger zum bedeutendsten Grafenhaus und begannen dort ihre Herrschaft nach staufischem Vorbild zu organisieren.

Am 1. Oktober 1273 wurde Rudolf von Habsburg zum König gewählt. Seine wichtigste Aufgabe war es, »Regnum multipliciter demembratum iusticie refor-

---

[131] Hofacker, Reichslandvogteien (wie Anm. 112), S. 99–104; Dieter Mertens: Württemberg, in: Handbuch der baden-württembergischen Geschichte, Bd. 2: Die Territorien im alten Reich, hrsg. von Meinrad Schaab und Hansmartin Schwarzmaier, Redaktion Michael Klein, Stuttgart 1995, S. 15–21.

[132] Franz Quarthal, Vorderösterreich, in: Handbuch der baden-württembergischen Geschichte, Bd. 1: Allgemeine Geschichte, Tl. 2 : Vom Spätmittelalter bis zum Ende des Alten Reiches, hrsg. von Meinrad Schaab und Hansmartin Schwarzmaier in Verbindung mit Gerhard Taddey, Redaktion Michael Klein, Stuttgart 2000, S. 587–780, hier S. 599–604; ders., Königslandschaft, Herzogtum oder fürstlicher Territorialstaat: Zu den Zielen und Ergebnissen der Territorialpolitik Rudolfs von Habsburg im schwäbisch-nordschweizerischen Raum, in: Rudolf von Habsburg 1273–1291. Eine Königsherrschaft zwischen Tradition und Wandel, hrsg. von Egon Boshof und Franz-Rainer Erkens, Köln/Weimar/Wien 1993, S. 125–138; Hans Erich Feine, Die Territorialbildung der Habsburger im deutschen Südwesten, vornehmlich im späten Mittelalter, in: Zeitschrift der Savigny-Stiftung für Rechtsgeschichte, Germanistische Abteilung 67 (1950), S. 176–308, wieder abgedruckt in: Hans Erich Feine, Territorium und Gericht. Studien zur süddeutschen Rechtsgeschichte, eingeleitet und hrsg. von Friedrich Merzbacher, Aalen 1978, S. 103–235, hier S. 106–143.

[133] Günther Bradler, Oberschwaben – ein politischer Raum im Hochmittelalter?, in: Politische Kultur in Oberschwaben, hrsg. von Peter Blickle, Tübingen 1993, S. 71–96.

mare«. Nur die Revindikation und Reorganisation des Reichsgutes konnte die Basis für ein Wiedererstarken des Königtums bilden.[134] Dazu wurde Rudolfs Königseid erweitert in dem Sinn, »daz er daz riche alle zit mere und nicht erme«. Auf dem Reichstag von Nürnberg 1274 wurde festgelegt, daß der König abhanden gekommene Reichsgüter auch mit Gewalt ans Reich zurückbringen dürfe. Um diese Revindikationen zu organisieren, wurden seit 1274 in Schwaben Reichslandvogteien aufgebaut, die an spätstaufische Verwaltungsbezirke anknüpften.[135] Im Süden entstand die Landvogtei Oberschwaben, die nicht mehr ganz die oberschwäbische Prokuration umfaßte. Nördlich der Donau bis an die schwäbisch-fränkische Grenze erstreckte sich die Landvogtei Niederschwaben, an die sich die Wimpfener Landvogtei anschloß. Daneben bestand die Reichsvogtei Ulm. Von vornherein war klar, daß die Rückgewinnung des gesamten staufischen Hausgutes unmöglich und nur in Auseinandersetzung mit den Gewinnern des Interregnums zu erreichen war. Es kam für Rudolf deswegen darauf an, wirksame Stützen seiner Politik zu finden.

In Oberschwaben hatte er Reichsstädte und Reichsklöster auf seiner Seite.[136] Als Reichslandvogt setzte Rudolf dort Hugo von Werdenberg ein. Der Aufbau einer Landvogtei Niederschwaben, die sich zwischen der von Wimpfen und Oberschwaben erstreckte, war schwieriger, weil hier die Grafen von Württemberg sich große Teile des staufischen Hausbesitzes im Remstal und am mittleren Neckar angeeignet hatten. Die Württemberger waren deswegen die stärksten Gegner der Politik Rudolfs und Graf Albrechts als deren Repräsentanten in Schwaben. Die persönliche Erbitterung in diesem Streit zeigt die Tatsache, daß die Fehden zwischen Graf Albrecht als Führer der königlichen Partei und den Herzögen von Teck und später Graf Eberhard von Württemberg im November und im Januar 1285/86 durchgeführt wurden und im Stil der Zeit Raub, Brand und Plünderung der bekämpften Herrschaft nach sich zogen.[137]

Die meisten der gräflichen Geschlechter Niederschwabens hatten eine Phase der »Königsferne« durchgemacht. So konnte sich Rudolf nur auf verwandte Dynasten, wie die Grafen von Hohenberg, von Sulz und die Herzöge von Teck, stützen. Dies macht die überragende Bedeutung verständlich, die Graf Albrecht von Hohenberg in diesem Bereich für die habsburgische Politik hatte. Am 1. November 1274 taucht Albrecht erstmals als »advocatus terre« auf.[138] Dieses Amt wertete Albrechts Stellung innerhalb der Grafengruppe in Südwestdeutschland auf. Daß er dies selbst so empfand, daran kann kein Zweifel bestehen. Ein

---

[134] Hofacker, Reichslandvogteien (wie Anm. 112), S. 105.
[135] Hofacker, Reichslandvogteien (wie Anm. 112), S. 106. Vgl. speziell zu Hohenberg Schmid, Grafen von Zollern-Hohenberg (wie Anm. 9), S. 51 f.
[136] Hofacker, Reichslandvogteien (wie Anm. 112), S. 107–115.
[137] Schmid, Grafen von Zollern-Hohenberg (wie Anm. 9), S. 58 f.
[138] WUB, Bd. 8, Nr. 2449.

Indiz sind die Titulaturen in seinen Urkunden. Er nannte sich dort seit 1274 öfter »Alberthus dei gratia Comes de Hohenberc«,[139] später »Albertus, dei gratia Comes de Hohenberc, Judex vniversalis provincie, ab illlustri domino Rudolfo Rege Romanorum constitutus«,[140] eine für andere südwestdeutsche Grafen durchaus ungewöhnliche Titulatur. Als Landvogt trat Albrecht 1275, 1277, 1279 und 1285 in Reutlingen, 1280, 1284 und 1281 in Esslingen auf.[141] Zu beachten ist freilich, daß sich Albrecht so nur in Urkunden nannte, die er als Landvogt ausstellte. In übrigen »privaten« Urkunden blieb er bei der gewöhnlichen »comes«-Titulatur. Die Bezeichnung »advoctus terrae« kommt in den elf Urkunden, die er im Reichsdienst ausstellte, nur neunmal vor, wobei sich diese auf zwei Städte, Esslingen und Reutlingen, konzentrieren; in den restlichen zehn bezeichnete er sich als »iudex provincialis«.[142] Die richterliche Funktion in seiner Tätigkeit nahm also einen größeren Raum ein als die des Reichsvogtes. Als persönlichen Machtzuwachs durch sein Amt als Landvogt konnte Albrecht für dessen Dauer die Herrschaft über die Reichsburg Achalm mit Zubehör, Markgröningen, Bönnigheim und Cannstatt verbuchen.[143]

Die Parteiungen im nördlichen Schwaben waren bis 1280, als sich König Rudolf von Habsburg verstärkt einer schwäbischen Hausmachtpolitik zuwandte, weniger auf den Widerstand gegen seine Revindikationspolitik zurückzuführen, sondern sie scheinen bis zu den Kämpfen von 1285/87 Höhepunkte von Auseinandersetzungen zwischen Grafenhäusern gewesen zu sein, die schon in der späten Stauferzeit begonnen hatten. Der Krieg, den Albrecht mit Graf Hartmann von Grüningen-Landau 1278/80 um den Besitz von Markgröningen führte, war im wesentlichen von Revindiktionsgesichtspunkten bestimmt, doch deutet die lange Haft Graf Hartmanns von Grüningen-Landau auf dem Asperg auch auf eine persönliche Komponente in der Auseinandersetzung.[144] Auch der Kriegszug des Landvogtes Albrecht von Hohenberg im Jahre 1279 gegen die Herren von Waldeck war weniger eine Aktion zur Wahrung des Landfriedens als vielmehr eine Auseinandersetzung zwischen Hohenberg und Waldeck um Besitzrechte im Nagoldtal.[145] Ebenso hatten die Fehden der badischen Markgrafen gegen Hohen-

---

[139] 31. Dezember 1274: Schmid, Monumenta Hohenbergica (wie Anm. 9), S. 48, Nr. 70.
[140] 14. Oktober 1279: ebd., S. 59f., Nr. 85. Urkunden, in denen Albrecht als Landvogt vorkommt: 1. November 1274 (advocatus terrae), 16. April 1275 (iudex provincialis), 11. Mai 1277 (i. p.), 3. Mai 1278 (i. p.), 14. Oktober 1279, 1280 (i. p.), 1. Oktober 1281 (i. p.), 31. Dezember 1282 (i. p.), 3. Mai 1283 (i. p.), 30. Juni 1287 (i. p.), 1. Februar 1291 (i. p.).
[141] Schmid, Grafen von Zollern-Hohenberg (wie Anm. 9), S. 52.
[142] Ebd.
[143] Ebd., S. 36.
[144] Ebd., S. 57; Mertens, Württemberg (wie Anm. 131), S. 24; H. Römer, Markgröningen im Rahmen der Landesgeschichte, Tl. 1, Markgröningen 1955, S. 96–98.
[145] Hofacker, Reichslandvogteien (wie Anm. 112), S. 130. Vgl. das erste Landfriedensbündnis mit Pfalzgraf Ludwig bei Rhein, das in Hagenau am 21. Juni 1278 abge-

berg vor allem das Ziel, die hohenbergischen Besitzrechte im nördlichen Schwarzwald an sich zu ziehen.[146] Auch die Feindschaft einiger Zweige des Tübinger Grafenhauses gegen Albrecht sind auf seine Versuche zurückzuführen, den Besitz der Tübinger Nebenlinie in Horb zu okkupieren.[147] Auch das Bündnis Graf Friedrichs von Zollern mit Graf Eberhard von Württemberg gegen Albrecht war das Ergebnis der schon während des Interregnums erkennbaren zollerisch-hohenbergischen Spannungen.[148] Ebenso war Graf Ulrich von Helfenstein eher aus privaten Gründen Gegner Graf Albrechts.[149]

Der Aufstieg Graf Albrechts zur führenden Persönlichkeit im Bereich der Reichslandvogtei Niederschwaben und seine dominierende Stellung im Kreise seiner Standesgenossen aufgrund seiner engen verwandtschaftlichen Bindung an den König verschärften ohnehin bestehende Gegensätze. Albrechts Gegner wurden willige Bündnispartner der Feinde Rudolfs. Markgraf Rudolf von Baden erhielt beispielsweise Subsidien von König Ottokar von Böhmen. Graf Albrecht von Hohenberg war also einerseits ein wirksamer und unverzichtbarer Exekutor rudolfinischer Reichspolitik, auf der anderen Seite aber verschärfte er Spannungen zwischen der schwäbischen Grafenopposition und König Rudolf aufgrund lange bestehender persönlicher Gegensätze zu einzelnen Grafenfamilien und der Verknüpfung von eigener Hausmachtpolitik und königlicher Revindikationspolitik.

Städtischer Mittelpunkt der Reichsvogtei Achalm, die das Zentrum königlicher Machtausübung in Niederschwaben bildete, blieb die Stadt Reutlingen. Der Landvogt behielt die beherrschende Stellung über das Stadtschultheißenamt der Stadt Reutlingen. Der Aufstieg der Achalm zum Mittelpunkt der niederschwäbischen Landvogtei war nicht zuletzt durch das hausmachtpolitische Interesse des Hohenbergers bedingt.[150] Das Landgericht der Achalmvogtei nahm in dieser Zeit seine Tätigkeit wieder auf. 1275, 1277 und 1279 urkundete Albrecht von Hohenberg als »iudex provincialis« in Reutlingen.[151] Allerdings konnte sich dieses Gericht nicht als zentrales Landgericht des niederschwäbischen Reichslandsprengels durchsetzen, da es bereits in Konkurrenz zum Rottweiler Hofgericht und zum württembergischen Landgericht in Cannstatt stand.

schlossen wurde: Schmid, Monumenta Hohenbergica (wie Anm. 9), S. 55f., Nr. 80; Schmid, Grafen von Zollern-Hohenberg (wie Anm. 9), S. 61–64.

[146] 1287: Annales Sindelfingenses (wie Anm. 50), S. 57, Nr. 194, S. 58, Nr. 200.

[147] Stälin, Wirtembergische Geschichte (wie Anm. 126), Bd. 3, S. 58.

[148] Schmid, Grafen von Zollern-Hohenberg (wie Anm. 9), S. 59; Stälin, Wirtembergische Geschichte (wie Anm. 126), Bd. 2, S. 402; Schmid, Grafen von Zollern-Hohenberg (wie Anm. 9) S. 59–61.

[149] Hofacker, Reichslandvogteien (wie Anm. 112), S. 130.

[150] Ebd., S. 134.

[151] WUB, Bd. 7, Nr. 2492, Bd. 8, Nr. 2680, 2907.

Zusammen mit der Achalmvogtei reorganisierte Albrecht den Esslinger Amtsbezirk. 1279 wird dort erstmals der hohenbergische Ministeriale Berthold von Lustnau als Esslinger Vogt genannt.[152]

Über die Klöster innerhalb der niederschwäbischen Landvogtei konnte Albrecht nicht in ähnlich eindeutiger Weise Schirmrechte ausüben, wie dies der Landvogt in der Landvogtei Oberschwaben tat. 1274 übertrug König Rudolf ihm den Schutz über das Reichskloster Ursberg.[153] Im gleichen Jahr nahm Albrecht das Pfullinger Klarissenkloster als Landvogt in seinen Schutz.[154] Die großen Stauferklöster Lorch und Adelberg wurden zwar dem Reich unterstellt, doch können die Schirmpflichten Albrechts von Hohenberg dort nicht genauer umrissen werden.[155] Es scheint, daß er bestrebt war, dynastische Schutzrechte über einzelne Klöster abzulösen, so etwa bei Bebenhausen, wo 1280 noch Graf Ulrich von Asperg-Tübingen die Schirmrechte ausübte. Seitdem er aber in den Kriegen gegen Württemberg mit diesen verbündet war, beanspruchte der Landvogt Schutzbefugnisse über Bebenhausen. 1291 bestätigten er und Eberhard von Württemberg den Verkauf von Gütern eines württembergischen Dienstmannes an das Kloster.[156] Auch auf das unter tübingischem Schutz stehende Sindelfingen machte Albrecht als Vormund der Kinder Pfalzgraf Rudolfs seinen Einfluß geltend. 1280 bestätigte er dort als »Judex provincialis« die Regelung der Gerichtszuständigkeiten zwischen Stadt und Stift.[157] Wo es möglich war, wurde der Besitz von Klöstern zum Ausbau einzelner Erwerbungen für das Reichsgut herangezogen. Hirsau trat von selbst als einziges der niederschwäbischen Klöster in engere Beziehung zum Reutlinger Landgericht. Als Landrichter bestätigte Albrecht 1277 und 1281 vor dem Reutlinger Landgericht Verkäufe des Klosters.[158] Offensichtlich aber war der Landvogt nicht mächtig genug, dem Kloster wirksamen Schutz zu gewähren. Geradezu planmäßig stieß Hirsau gefährdete Außenbeziehungen im Gebiet der Landvogtei ab.[159]

Insgesamt behielten Rottweil und Ulm eine Sonderstellung innerhalb der niederschwäbischen Reichsgutorganisation. Nördlich der Alb, im Amtsbereich des

---

[152] Urkundenbuch der Stadt Esslingen, bearb. von Adolf Diehl, Bd. 1, Stuttgart 1899, Nr. 150. Hofacker, Reichslandvogteien (wie Anm. 112), S. 135.

[153] Schmid, Grafen von Zollern-Hohenberg (wie Anm. 9), S. 52 f.

[154] Ebd., S. 53. 1. November 1274: Documenta rediviva monasteriorum, ecclesiarumque collegiatarum in Ducatu Wirtembergico sitarum, hrsg. von Christoph Besold, Bd. 2: Virginum sacrarum monimenta in principium Wirtenbergicorum ergastulo litterario, Tübingen 1720, Nr. 12 f.

[155] Hofacker, Reichslandvogteien (wie Anm. 112), S. 136.

[156] Schmid, Monumenta Hohenbergica (wie Anm. 9), S. 95 f., Nr. 124.

[157] WUB, Bd. 8, Nr. 2992. Hofacker, Reichslandvogteien (wie Anm. 112), S. 136.

[158] 3. Mai 1277 und 1. August 1281: Schmid, Monumenta Hohenbergica (wie Anm. 9), S. 52, Nr. 75, und S. 63 f., Nr. 90.

[159] Hofacker, Reichslandvogteien (wie Anm. 112), S. 137.

Landvogtes Albrecht von Hohenberg, war es offensichtlich nicht mehr möglich, eine Landvogtei von ähnlicher Geschlossenheit zu errichten, wie dies in Oberschwaben gelang. Auch aus diesem Grund errichtete der König in den städtischen Zentren Niederschwabens Stadtvogteien, so in Esslingen, Weil der Stadt und Schwäbisch Gmünd. Schon in ihren Anfängen war die niederschwäbische Landvogtei also wenig mehr als eine Zusammenfassung einzelner städtischer Amtsbezirke. Der Landvogt Albrecht von Hohenberg ist in den niederschwäbischen Städten nicht als Inhaber königlich-stadtherrlicher Befugnisse nachzuweisen. Er vertrat sie aber nach außen: Unter seiner Leitung verhandelten sie mit dem König über neue Steuern. Für ein Aufgebotsrecht des Landvogtes gegenüber den Städten fehlen Belege. Dagegen hatte er dieses Recht gegenüber der Ritterschaft und der Ministerialität seines Amtsbezirkes.[160]

Während der Kämpfe Rudolfs gegen die schwäbische Grafenopposition wurde auch die Reichslandvogtei Wimpfen an seinen Schwager Albrecht von Hohenberg übertragen. Damit wird deutlich, welche Bedeutung die Reichslandvogteien nördlich der Alb für König Rudolf hatten. Sie dienten dazu, die Württemberger als mächtigstes niederschwäbisches Grafenhaus einzukreisen. Revindikationspolitik, habsburgische Hausmachtpolitik und Bündnisse mit den niederschwäbischen Grafen verbanden sich in dem Versuch, Württemberg auf das mittlere Neckargebiet zu beschränken. Albrecht von Hohenberg war einer der wichtigsten Träger dieser Politik.

Eine weitere Aufgabe Graf Albrechts als wichtigstem Vertrauten des Königs unter den schwäbischen Grafen war zusätzlich die Revindikation von Reichsrechten auch in den Gebieten Schwabens, in denen es während der ersten Regierungsjahre Rudolfs nicht zu einer Zusammenfassung des Reichsgutes in einer Landvogtei gekommen war.[161] Noch 1274 begann Graf Albrecht, dem Reich zustehende Rechte im Gebiet zwischen Iller und Lech an sich zu ziehen. Der König übertrug ihm den Schirm über das Prämonstratenserkloster Ursberg und die Benediktinerabtei Elchingen.[162] 1287 handelte Albrecht in Rudolfs Namen für Maulbronn.[163] Ebenso übte er die Schirmvogtei über Zwiefalten aus, das allerdings mit seiner Amtsführung nicht zufrieden war und 1285 auf die Übertragung der Vogtei an die Herren von Emerkingen drängte.[164] Die Übertragung landvogteilicher Aufgaben an Albrecht von Hohenberg in einem Gebiet, das von

---

[160] Ebd., S. 138.

[161] Ebd., S. 139–142.

[162] Monumenta Boica, Bd. 33, Mikrofiche-Ausgabe Erlangen 1998, S. 165.

[163] 17. September 1287: Schmid, Monumenta Hohenbergica (wie Anm. 9), S. 85f., Nr. 114.

[164] Schmid, Grafen von Zollern-Hohenberg (wie Anm. 9), S. 55; Schmid, Monumenta Hohenbergica (wie Anm. 9), S. 79f., Nr. 107; Wilfried Setzler, Kloster Zwiefalten. Eine schwäbische Benediktinerabtei zwischen Reichsfreiheit und Landsässigkeit, Sigmaringen 1979, S. 25f.

Graf Albrecht II. von Hohenberg

seiner niederschwäbischen Landvogtei so weit entfernt lag, war auch damit zu erklären, daß er Besitzer der Burgen Neuburg und Kirchberg war. 1285 verkaufte er beide an das Reich, wofür ihm Reichseinkünfte Rottweils verpfändet wurden. Der Verkauf diente dazu, im Kerngebiet Albrechts wiederum hohenbergische Herrschaftsrechte zu verdichten. Albrechts Hauptaufgabe in Ostschwaben war es vermutlich, die Vogtei über die Stadt Augsburg wieder an das Reich zu ziehen. Bis 1276 ist ihm dies offensichtlich gelungen.[165]

Erstmals 1281 wird er als Augsburger Stadtvogt genannt. Seine Verbindungen zu Augsburg aber müssen älter sein. Während der Kriege König Rudolfs gegen die schwäbische Adelsopposition hat er offensichtlich sein Amt verloren, das dem Ulmer Reichsvogt Otto vom Steg übertragen wurde.[166] Vermutlich zu Beginn der 80er Jahre hat Albrecht seine landvogteilichen Aufgaben zwischen Iller und Lech abgegeben. Offensichtlich steht dies im Zusammenhang mit dem Aufbau einer eigenen Augsburger Landvogtei. Als einer der schwäbischen Reichslandvögte war Albrecht Träger der königlichen Politik in Schwaben. Da sich Rudolf nicht mehr auf Reichsministeriale stützen konnte, waren die schwäbischen Grafen die wichtigsten Stützen seiner Politik. Die Landvögte waren Stellvertreter des Königs gegenüber den Städten, Burgen, Markten und Dörfern ihres Amtsgebietes. Das Amt des Landvogtes wurde unter König Rudolf zum einen durch den Dienstgedanken, zum andern durch lehensrechtlich verstandene Beziehungen zum König geprägt, die noch durch verwandtschaftliche Beziehungen verstärkt werden konnten. Kriterien der Ernennung zum Landvogt waren in der Aufbauphase der Landvogteien Familien- und Bündnisbeziehungen, die noch in Rudolfs eigener Dynastenzeit geknüpft worden waren. So erwies sich die Hochzeit Rudolfs mit Gertrud von Hohenberg um 1245 als wichtigstes Bindeglied des Hauses Hohenberg an die Habsburger. Die Landvögte wurden gleichzeitig zu Trägern königlicher Friedensgewalt. So beauftragte der König Albrecht von Hohenberg im Jahre 1281, Streitigkeiten zwischen Edlen mit Minne oder Recht zu richten.[167] Die Friedenswahrung durch Landvögte war allerdings nur ein mangelhafter Ersatz für das Fehlen einer übergeordneten, »herzogsähnlichen« Gerichtsbarkeit. Schwaben zerfiel in dieser Zeit in zwei Teile. Südlich von Bodensee und Rhein übten die Habsburger und ihre Beamten weiterhin den dynastischen Friedensschutz aus; nördlich davon wahrten die Landvögte als königliche Amtsträger den Frieden. In diesem Zusammenhang ist der Beitritt Graf Albrechts zum Landfrieden mit Herzog Ludwig von Bayern im Jahre 1278 zu sehen.[168]

---

[165] Hofacker, Reichslandvogteien (wie Anm. 112), S. 140.
[166] Ebd., S. 141.
[167] Regesta imperii, Bd. 6,1: Die Regesten des Kaiserreichs unter Rudolf, Adolf, Albrecht, Heinrich VII., 1273–1313, neu hrsg. und ergänzt von Oswald Redlich, Nd. Innsbruck 1969, Nr. 15, 16.
[168] 24. Juni 1278: Schmid, Monumenta Hohenbergica (wie Anm. 9), S. 55, Nr. 80.

Die Landvögte konnten ihre Friedensgewalt freilich nur gegenüber den Reichsklöstern und den Reichsstädten voll durchsetzen.[169] Die gräflichen Herren dagegen liefen Gefahr, durch die Landfriedenspolitik Rudolfs »mediatisiert« zu werden. Ihre Abneigung gegen den Aufstieg Albrechts von Hohenberg, ihres Standesgenossen, im Dienste des Königs verband sich mit dem Widerstand gegen die vom König zielstrebig verfolgte habsburgische Herrschaftsbildung an der oberen Donau.[170] Albrecht von Hohenberg blieb in diesem Raum »iudex provincialis«. Doch scheint dieser Titel eine Bedeutungserweiterung erfahren zu haben. Bereits während des Interregnums finden sich in Franken Hinweise, daß »iudicium provinciale« mit dem Begriff »principatus« parallelisiert wurde.[171] Die Landgrafschaft, nicht das Herzogtum Schwaben, war also das Modell habsburgischer Schwabenpolitik. In engster Verbindung mit dem Königtum sollten die Landgrafschaften ganz Schwaben in weiträumige Schutzgebiete gliedern. Gerade gegen diese Versuche König Rudolfs, Vorbilder seiner eigenen dynastischen Hauspolitik in die Gebiete nördlich des Rheins zu transferieren, opponierten die schwäbischen Grafen. Es zeigt die Schwäche der habsburgischen Hausmachtstellung, daß König Rudolf diese Pläne nach 1286/87 nicht mehr verfolgte. Nur noch die Reichsgutbezirke innerhalb der Landvogtei Niederschwaben-Wimpfen blieben in der Hand eines Hochadligen, Graf Albrechts von Hohenberg, während die anderen Reichsgutbezirke an Angehörige der Ministerialität vergeben wurden. Nach dem Tode Rudolfs von Habsburg wurde die Brüchigkeit der habsburgischen Machtstellung selbst im südlichen Schwaben sofort offenkundig. Auch in Niederschwaben zerbrach die rudolfinische Landfriedensordnung.

9. Graf Albrecht II. als Minnesänger

In der Manessischen Liederhandschrift findet sich die Miniatur Albrechts auf fol. 42, die einzigen beiden vom ihm überlieferten Liedstrophen auf fol. 42 verso. Sie füllen etwa ein Viertel der Seite. Der erste Editor hielt deswegen und aufgrund paläographischer Befunde die Albrecht gewidmete Seite für einen späten Nachtrag der gesamten Gedichtsammlung, der allerdings noch im Zuge der ganzen Handschriftenentstehung eingefügt wurde.[172] Daß Albrecht mit seinem Küchenmeister »Kleinheinze von Constanz« einen Dichter am Hofe hatte,[173] daß seine Großzügigkeit gegenüber fahrenden Sängern gelobt wurde, wurde bereits

---

[169] Hofacker, Reichslandvogteien (wie Anm. 112), S. 151 f.
[170] Ebd., S. 152.
[171] Ebd., S. 155.
[172] Schmid, Grafen von Zollern-Hohenberg (wie Anm. 9), S. 121. Mertens, Albrecht von Haigerloch (wie Anm. 27), Sp. 186 f.
[173] Schmid, Grafen von Zollern-Hohenberg (wie Anm. 9), S. 120.

erwähnt. Auch einer seiner Verwaltungsbeamten (Schreiber, Notar), den man den Kappadocier nannte, muß ein geistvoller und literarisch kenntnisreicher Mann gewesen sein. Matthias von Neuenburg bezeichnete ihn als »sociabilis, curiosus et subtilis«, als gesellig, aufgeschlossen und feinsinnig.[174] Ausgestattet war er mit der Pfarrei in Tieringen auf der Scheer; wie die anderen Verwaltungsbeamten der Hohenberger war er also Geistlicher.[175] König Rudolf von Habsburg liebte die Konversation mit ihm, der häufig im Auftrage seines Herrn an Rudolfs Hof weilte. Sein Witz ging fast in die Richtung von Eulenspiegeleien; mit geistvollen Scherzen wußte er sich die Sympathie Rudolfs und seinen eigenen finanziellen Vorteil zu sichern.

In Albrechts Liedstrophen geht es um Minne, wobei in der ersten Strophe der Wert der »triuwe« und »stetigen Liebe« über der heimlichen Minne hervorgehoben wird. In der zweiten Strophe, die auf die erste antwortet, wird das verlockendere und reizvollere der heimlichen Minne gegenüber der dauernden Liebe betont, wobei Albrecht zu sehr plastischen Bildern greift:

> Verboten wazzer bezzer sint
> den offen win, des hoer' ich jehen.

Die beiden Strophen haben ein kunstvolles Versmaß mit einem sechszeiligen Aufgesang aus je zwei Teilen mit dem Reimschema abc abc. Der Abgesang besteht ebenfalls aus sechs Zeilen, in der ersten Strophe mit dem Reimschema adadee, in der zweiten Strophe dagegen mit dem Reimschema efefgg. Der Abgesang der zweiten Strophe nimmt ein Motiv des Aufgesangs der ersten Strophe wieder auf. In der ersten Strophe heißt es, es ginge niemandem besser als demjenigen, der eine dauernde Liebe »mit armen hat al umb und umb beslozzen«. In der zweiten Strophe heißt es im Abgesang, die geheime Liebe würde den Sinn erhöhen, wo die Liebe »in minnenstricke«: »mit armen lied al umb beslozzen tougen«. Und die erste Zeile der ersten Strophe korrespondiert mit der letzten Zeile der zweiten Strophe. Erste Strophe: »Ist ie man in der welte baz«, zweite Strophe: »do ist nie man baz: diu red' ist ane lougen«. Während in der ersten Strophe im Grunde nur Abstrakta und Termini des Minnekanons vorkommen: »staetez liep«, »triuwe«, »haz«, »sünde«, »vorht«, »schande«, »ere«, wird die zweite Strophe konkreter »verboten wazzer«, »offen win«. Es ist ein Gedicht, das den Minnekanon anspricht und zugleich der heimlichen Liebe das Lasterhafte abspricht.

Albrechts Dichtung ist ein typisches Produkt der Spätzeit des Minnesangs. Es geht nicht um ein individuelles Erlebnis oder dessen lyrischen Ausdruck, son-

---

[174] Matthias Neoburgensis (wie Anm. 6), S. 309.
[175] Seine Nichte war vermutlich die Äbtissin Hedwig von Klosterwald. Müller, Regesta Hohenbergica (wie Anm. 35), Nr. 3 (17. Juli 1287).

dern es ist als Typus eine Kunst der Variation, nicht der Erfindung. Dichten hieß, sich mit Gewandtheit und Geschmack in vorgeschriebenen Bahnen zu bewegen. Wo der Inhalt feststand, war die Dichtung vor allen Dingen Formkunst.[176] Metrik, Rhythmik, Strophik und – wo es überliefert ist – die Komposition sind die wesentlichen Elemente dieser Dichtung. Das Lied wurde für eine Gesellschaft geschrieben, die für diese Dichtung geschaffen war und das intelligente Vergnügen nachzuleben versuchte, mit dem das feine, in seinen Spitzen virtuose Spiel der Reime, Klänge und Rhythmen genossen wurde. Zum Kreis der Dichter gehörten Ulrich von Winterstetten, Gottfried von Neifen, Ulrich von Lichtenstein. Hug von Werbenwag (Werenwag?) und Konrad von Kilchberg (zwischen 1155 bis 1268) stehen in der Nachfolge Gottfrieds von Neifen und sind in ihrer Dichtung Albrecht von Hohenberg verwandt. Man spricht regelrecht von einer schwäbischen Schule, die fast ausschließlich im Alemannischen zuhause war.[177]

10. Albrecht unter König Adolf von Nassau

Nach dem Tode König Rudolfs blieb Albrecht von Hohenberg treuer Parteigänger der Habsburger. Unmittelbar nach Rudolfs Tod flammten die Kämpfe zwischen Albrecht von Hohenberg und Eberhard von Württemberg wieder auf. Kurz nach dem 15. August 1291 versammelte Eberhard von Württemberg, während Albrecht außer Landes war, wohl auf dem »Birtinlê« östlich von Sülchen ein Heer, zu dem auch Pfalzgraf Eberhard von Tübingen, ein früherer Parteigänger der Habsburger, hinzustieß. Die Verbündeten rückten gegen Rottenburg und Haigerloch und brannten alle Dörfer und Weinberge am Wege nieder. Der Hohenberger kehrte jedoch rasch zurück und zerstörte seinerseits die Burgen seines wichtigsten Gegners, Graf Eberhards von Württemberg, in Waiblingen, Berg und Endersbach. Die Grafen von Tübingen, Gottfried und Eberhard, erwarteten einen Angriff Albrechts auf Tübingen und befestigten deswegen die Ödenburg auf dem Bergsporn des Spitzberges westlich ihrer wichtigsten Stadt. Die Gegner erkannten jedoch die durch den Tod Rudolfs entstandene neue Konstellation, die alte Feindschaften obsolet machte, und söhnten ihre beiden Familien durch eine Heirat ihrer Kinder Irmgard von Hohenberg und Ulrich von Württemberg aus. Der Friede schloß allerdings nicht die Pfalzgrafen von Tübingen ein. Im März 1292 rückte Albrechts II. gleichnamiger Sohn zusammen mit Burkhard von Hohenberg vor Tübingen; sie verbrannten alles vor der Stadt und den Ort Lustnau.[178]

---

[176] Helmut de Boor / Richard Newald, Geschichte der deutschen Literatur, 3. Aufl., München 1967, S. 298.

[177] Ebd., S. 312.

[178] Die Verlobung fand Anfang Dezember 1291, die feierliche Hochzeit am 18. Dezember 1291 in Rottenburg statt. Schmid, Pfalzgrafen zu Tübingen (wie Anm. 43), S. 554;

Da Herzog Albrecht die niederschwäbischen Grafen zur Sicherung der habsburgischen Hausmacht und seiner Thronkandidatur benötigte, war er gezwungen, von der Dynastenpolitik seines Vaters abzurücken. Er suchte deswegen ein Bündnis mit Eberhard von Württemberg.[179] Württemberg schwenkte auch zunächst auf die habsburgische Seite ein. Albrecht von Hohenberg führte die Wahlverhandlungen für Herzog Albrecht von Österreich, und Eberhard von Württemberg verbündete sich mit dem Pfalzgrafen Ludwig, dem Vorkämpfer der habsburgischen Kandidatur, zu gegenseitigem Schutz, so daß auch er zum Mitglied der habsburgischen Koalition wurde.[180]

Herzog Albrecht von Hohenberg, engster Verbündeter Habsburgs, verlor nach der Wahl König Adolfs sein Amt als Landvogt in Niederschwaben. Schon im Sommer 1292 konnte König Adolf Heinrich von Isenburg als neuen Landvogt in Niederschwaben einsetzen.[181] Während Graf Eberhard von Württemberg, die Grafen von Öttingen und von Helfenstein nunmehr auf die Seite König Adolfs traten, blieb Albrecht von Hohenberg bis 1298 auf habsburgischer Seite. Die Politik Graf Albrechts von Hohenberg in den folgenden Jahren war von seiner Solidarität gegenüber den Habsburgern, insbesondere gegenüber Herzog Albrecht von Habsburg, geprägt. Seine eindeutige Parteinahme für Albrecht sollte ihn dann in die Katastrophe von 1298 führen. König Rudolf war es trotz mehrerer Versuche, zuletzt auf dem Hoftag in Frankfurt Ende Mai 1291, nicht gelungen, seinem Sohn Herzog Albrecht die Nachfolge als römischer König zu sichern. Eine breite Allianz von Fürsten bemühte sich, die von König Rudolf geschaffene habsburgische Machtstellung wieder zu zerschlagen.[182] In Schwaben schlossen Bischof Rudolf von Konstanz, die Grafen Manegold von Nellenburg, Rudolf von Montfort-Feldkirch und Hugo von Montfort-Scheer, Abt Wilhelm von St. Gallen sowie die Städte Zürich, St. Gallen und Konstanz im Spätjahr 1291 ein antihabsburgisches Bündnis, nachdem schon die Talschaften von Uri, Schwyz und Unterwalden am 1. August dieses Jahres einen ewigen Bund zur Abwehr fremder Gerichtsbarkeit beschworen hatten. In den folgenden Kämpfen war Hugo von Werdenberg-Heiligenberg, der Pfleger über Habsburgs schwäbi-

---

ders., Grafen von Zollern-Hohenberg (wie Anm. 9), S. 64–66; Annales Sindelfingenses (wie Anm. 50), S. 67, Nr. 233. Sydow, Tübingen (wie Anm. 127), Tl. 1, S. 119 f.; Stälin, Wirtembergische Geschichte (wie Anm. 126), Bd. 3, S. 74 f.

[179] Hofacker, Reichslandvogteien (wie Anm. 112), S. 159.

[180] WUB, Bd.10, Nr. 4218. Hofacker, Reichslandvogteien (wie Anm. 112), S. 157; Stälin, Wirtembergische Geschichte (wie Anm. 126), Bd. 3, S. 75, 79; Mertens, Württemberg (wie Anm. 131), S. 27.

[181] 6. August 1292: Urkundenbuch Esslingen (wie Anm. 132), Nr. 246. Hofacker, Reichslandvogteien (wie Anm. 112), S. 163.

[182] A. Lhotsky, Geschichte Österreichs seit der Mitte des 13. Jahrhunderts (1281–1358), Wien 1967, S. 77–85; Alphons Dopsch, Ein antihabsburgischer Fürstenbund im Jahre 1292, in: Mitteilungen des Instituts für österreichische Geschichtsforschung 22 (1901), S. 600–660.

sche Besitzungen, eine wesentliche Stütze für Graf Albrecht, ebenso dessen Vetter, Graf Rudolf von Werdenberg-Sargans. Auch Graf Gottfried von Tübingen, bis 1291 ein erbitterter Feind des Landvogts Albrecht von Hohenberg, ist nur einmal im Gefolge König Adolfs nachweisbar.[183] Nach Rudolfs Tod am 15. Juli 1291 zu Speyer blieb das Königtum zehn Monate hindurch vakant, bis Adolf von Nassau schließlich am 5. Mai 1292 in Frankfurt zum König gewählt wurde.[184] Dieses lange Zögern der Kurfürsten deutet darauf hin, wie intensiv über die Nachfolgefrage verhandelt wurde. Herzog Albrecht sandte seinen Onkel, Graf Albrecht II. von Hohenberg, der sich im März 1292 zusammen mit anderen Anhängern des Hauses Habsburg bei ihm in Friesach in Kärnten befand, zu König Wenzel von Böhmen, dem eine Schlüsselstellung bei der Wahl zukam. Wenzel aber weigerte sich, Albrecht seine Stimme zu geben, da dieser nicht bereit war, Wenzels Schwestersohn, Johannes Paricida, das väterliche Erbe auszuhändigen. Albrecht von Hohenberg blieb bei dieser diplomatischen Mission also erfolglos. Obwohl gerade in Schwaben eine größere Partei für Albrechts Königsnachfolge eintrat, wurde im Mai 1292 Adolf von Nassau zum König gewählt.[185]

König Adolf entzog bereits kurz nach seiner Thronbesteigung – wie erwähnt – dem wichtigsten Parteigänger des Hauses Habsburg in Schwaben, Albrecht II. von Hohenberg, die niederschwäbische Landvogtei und übertrug sie an Heinrich von Isenburg, einen Neffen seiner Gemahlin Imagina. Trotzdem fand sich Albrecht noch auf einigen Hoftagen Adolfs ein, so in Esslingen (Ende Februar bis Anfang März 1293), in Speyer (17. März 1293) und in Reutlingen (1. April 1293), auf denen über einen Landfrieden in Schwaben verhandelt wurde.[186] Als im November 1295 sich die Nachricht verbreitete, Herzog Albrecht von Österreich sei – angeblich durch Gift – gestorben, erhob sich der österreichische Adel gegen die Habsburger.[187] Herzog Albrecht wurde vorgeworfen, den schwäbischen Adel gegenüber dem österreichischen zu bevorzugen – es handelte sich vornehmlich um die Herren von Landenberg und die von Wallsee; auch Johann von Dürbheim als Schwabe war Albrechts Hofprotonotar und später Hofkanzler.[188] In dieser Situation wandte sich Albrecht an seinen Onkel Graf »Albrecht

---

[183] Stälin, Wirtembergische Geschichte (wie Anm. 126), Bd. 3, S. 76 f.

[184] F. Baethgen, Zur Geschichte der Wahl Adolfs von Nassau, in: Deutsches Archiv 12 (1956), S. 536–543; allgemein: Vinzenz Samanek, Studien zur Geschichte König Adolfs. Vorarbeiten zu den Regesta imperii VI/2 (1292–1298), in: Österreichische Akademie der Wissenschaften, Phil.-Hist. Klasse, Sitzungsberichte 207. 2. Abh., Wien/Leipzig 1930.

[185] Stälin, Wirtembergische Geschichte (wie Anm. 126), Bd. 3, S. 79.

[186] Ebd., S. 79–81; Schmid, Grafen von Zollern-Hohenberg (wie Anm. 9), S. 93.

[187] Schmid, Grafen von Zollern-Hohenberg (wie Anm. 9), S. 94.

[188] Godfrid Edmund Frieß, Herzog Albrecht I. und die Dienstherren von Österreich, in: Blätter des Vereins für Landeskunde Niederösterreichs N. F. 16 (1882), S. 379–426; Karel Hruza, Die Herren von Wallsee. Geschichte eines schwäbisch-österreichischen Adelsgeschlechts (1171–1331), Linz 1995, S. 141–238, 313–334.

von Hairloch« mit einer Bitte um bewaffnete Hilfe. Dieser zog ein größeres Ritterheer in Schwaben zusammen und gewann die Grafen Burkhard von Sargans-Werdenberg, Hugo von Werdenberg, Konrad von Lichtenberg sowie drei Grafen von Montfort und andere für den Hilfszug, der den österreichischen Aufstand zu ersticken half. Nach dem Chronicon Usterhoviense[189] soll es Albrecht von »Hairlo« gewesen sein, der Herzog Albrecht schon in den ersten Jahren nach der Wahl König Adolfs den Rat gegeben hatte, Zwietracht unter den Wahlfürsten zu säen. Auf der Krönungsfeier König Wenzels in Prag im Juni 1297, bei der vier der Kurfürsten und viele andere Herren des deutschen Reiches zusammenkamen, wurde verabredet, König Adolf abzusetzen, und statt dessen Herzog Albrecht von Österreich, der bei diesem Hoftag eine außerordentliche Pracht und eine glänzende Gastfreundschaft entwickelte, auf den deutschen Thron zu heben.[190] Albrecht von Hohenberg erhielt den Auftrag, in Schwaben, in Franken, am Rhein und im Elsaß für seinen Neffen Anhänger zu werben. In der Tat scheint Albrecht hier nach dem Bericht der ottokarschen Reimchronik eine große Geschicklichkeit an den Tag gelegt zu haben.[191] »Man sant Graf Albrechten von Hayrloch zu dem Rhein und in Swaben, was man herren macht gehaben, und wa auch herren sassen zu Franken und in Saczen; an die werf er spat und frue, daz sy mit hilf legten zue dem herzogen wenn er cham. « Nach der Colmarer Chronik sandte Herzog Albrecht seinen Onkel zum Papst nach Rom, um dort mit einer größeren Bestechungssumme (16.000 Mark Silber) für die Position Albrechts zu werben.[192] Aufgrund seiner Verhandlung mit dem Papst und den Kardinälen siegelte der Papst Urkunden, die ihm die Kurfürsten wegen der neuen Königswahl zugeschickt hatten, so daß er bald nach Deutschland zurückkehren konnte, wo er im Februar 1298 in Wien eintraf; dort fand eine überaus glänzende Fürstenversammlung statt, auf welcher die letzten Verabredungen zum Aufstand gegen König Adolf getroffen wurden.[193] Albrecht blieb bis Ende Februar bei seinem Neffen, um ihn für den kommenden Kriegszug gegen Adolf zu beraten. Dazu gehörte vor allen Dingen der sichere Durchzug des österreichischen Heeres durch das Herzogtum Bayern. Dank der Bemühungen Graf Albrechts und anderer gelang es, die Herzöge Otto und Albrecht am 27. Februar 1298 zum Abschluß der Passauer Abmachung zu bewegen, in der auf Grund von Konzessionen Albrechts Otto von Bayern seinem Schwager den Durchmarsch durch Bayern gestattete.[194]

---

[189] Hermannus Altahensis (wie Anm. 125), S. 556.

[190] Schmid, Grafen von Zollern-Hohenberg (wie Anm. 9), S. 95.

[191] Ottokar von Steiermark (wie Anm. 3), S. 903, V. 68237 ff. Stälin, Wirtembergische Geschichte (wie Anm. 126), Bd. 3, S. 86 f.

[192] Chronicon Colmariense (wie Anm. 4), S. 264. Meyer von Knonau hält diese Überlieferung für völlig unglaubwürdig. Christian Kuchimeister's Nuewe casus Monasterii sancti Galli, hrsg. von Gerold Meyer von Knonau, St. Gallen 1881, S. 269.

[193] Schmid, Grafen von Zollern-Hohenberg (wie Anm. 9), S. 97; Stälin, Wirtembergische Geschichte (wie Anm. 126), Bd. 3, S. 87.

[194] Schmid, Grafen von Zollern-Hohenberg (wie Anm. 9), S. 97. Max Spindler / Andreas

Anläßlich dieses Zusammentreffens kam es zu einem Auftritt, von dem die Colmarer Chronik berichtet.[195] Herzog Otto von Bayern bat Herzog Albrecht von Österreich, zu entschuldigen, daß er pflichtgemäß seinem Schwiegervater, dem König Adolf, in dem bevorstehenden Kampf beistehen werde, worauf Herzog Albrecht ihm kurz und stolz antwortete, er habe genügend Verbündete, Otto solle tun, was ihm vorteilhaft erscheine. Der gerade anwesende Graf Albrecht von Hohenberg sei aber dem Bayernherzog mit dem Satz entgegengetreten, daß Otto nicht für Adolf Partei ergreifen könne, wenn er sich dazwischensetze. Er werde sich, wenn Otto zu Adolf von Nassaus Heer stoßen wolle, ihm mit bewaffneter Hand entgegenstellen. Dies macht deutlich, daß der Kampf gegen Otto von Bayern für Albrecht von Hohenberg keine rein militärische Aktion, sondern eine Frage der ritterlichen Ehre war und infolgedessen der Auseinandersetzung zwischen beiden auch irrationale Momente innewohnten, die die Heftigkeit des späteren Kampfes erklären können.

Nach seiner Rückkehr aus Passau bemühte sich Graf Albrecht, die schwäbischen Reichsstädte auf die Seite Herzog Albrechts von Habsburg zu bringen, was ihm jedoch mißlang, da Adolf die Städte durch zahlreiche Gunstbeweise zu seinen Verbündeten gemacht hatte.[196] Albrecht versuchte nunmehr die Haltung der Städte durch militärische Gewalt zu ändern, verwüstete ihr Umland und war in vielfältiger anderer Weise bemüht, König Adolf zu schaden. Die Städte schlossen deswegen ein Bündnis miteinander und vernichteten eine von Albrechts Burgen. Nachdem König Adolf im März in Schwaben einmarschiert war, zerstörte das Städteheer vier weitere Burgen Albrechts und verjagte ihn zuletzt gänzlich aus seiner Herrschaft.[197]

11. Die Schlacht bei Leinstetten

Die Schlacht von Leinstetten, in der Albrecht fiel, ist also im Zusammenhang mit der endgültigen Auseinandersetzung Herzog Albrechts von Habsburg mit Adolf von Nassau zu sehen. Herzog Albrecht hatte ein großes Heer gesammelt. Die Herzöge von Sachsen, die Markgrafen von Brandenburg und andere hatten sich ihm angeschlossen. Die Ungarn und Böhmen hatten eine große Zahl von

---

Kraus, Gefährdung der politischen Grundlagen. Der innere Fortschritt: Die Anfänge der Ständebildung, in: Handbuch der bayerischen Geschichte. Bd. 2: Das alte Bayern. Der Territorialstaat vom Ausgang des 12. Jahrhunderts bis zum Ausgang des 18. Jahrhunderts, hrsg. von Andreas Kraus, 2., überarb. Aufl., München 1988, S. 110–151, hier S. 112; Lhotsky, Geschichte Österreichs (wie Anm. 182), S. 95 f.
[195] Chronicon Colmariense (wie Anm. 4), S. 264.
[196] Stälin, Wirtembergische Geschichte (wie Anm. 126), Bd. 3, S. 82.
[197] Schmid, Grafen von Zollern-Hohenberg (wie Anm. 9) S. 98; Chronicon Colmariense (wie Anm. 4), S. 265.

Bogenschützen gestellt, die bereits gegen König Ottokar schlachtentscheidend eingegriffen hatten. Über Schwaben, wo sich ihm die Grafenhäuser Hohenberg, Württemberg und Werdenberg angeschlossen hatten, rückte er in die Rheinlande. Dort konnte er auf die Hilfe des Erzbischofs von Mainz, der Bischöfe von Straßburg und Konstanz, der Grafen von Freiburg, Zweibrücken, Leiningen und anderer zählen. Nach dieser Verstärkung plante er vom Rhein nach Frankfurt zu ziehen, wo die Frage der deutschen Königskrone entschieden werden sollte. König Adolf stellte sich auf die Nachricht vom Anrücken Herzog Albrechts mit einem großen Heer mit einer außerordentlich hohen Anzahl schwergepanzerter Reiter, zu dem die Herzöge Rudolf und Otto von Bayern, die Grafen von Helfenstein und andere mit ihren Aufgeboten gestoßen waren, bis Ende März 1298 bei der ihm ergebenen Stadt Ulm auf, um Albrechts Vormarsch an den Rhein zu verhindern. Dabei soll König Adolf nochmals die Grafschaft Albrechts von Hohenberg verwüstet haben.[198]

Obwohl Herzog Albrecht bereits bei Augsburg stand, kam es nicht zu einer Schlacht zwischen beiden Heeren, die Albrecht vermeiden wollte, solange die Absetzung König Adolfs nicht ausgesprochen war. Herzog Albrecht umging Adolfs Stellung südlich und zog über Landsberg, Memmingen und Überlingen zum Oberrhein, wo er bei Waldshut erneut sein Heer sammelte, um von dort über Straßburg nach Frankfurt zu ziehen, wo ein Fürstentag den Streit um die deutsche Königskrone entscheiden sollte. König Adolf war, um Albrecht den Weg nach Frankfurt zu verlegen, auf einem kürzeren Weg, vermutlich über den oberen Neckar und das Kinzigtal in den Breisgau gerückt, wo er bei Kenzingen erneut Lager bezog.[199] Dort trafen beide Heere aufeinander. Albrecht nahm aber erneut die Schlacht nicht an.

Herzog Otto von Niederbayern war mit seiner Mannschaft später aufgebrochen und suchte ebenfalls auf kurzem Weg über den Schwarzwald, wohl auch über das Kinzigtal, das Heer König Adolfs zu erreichen, um sich mit ihm zu vereinigen. Das Heer Ottos von Bayern soll mehr als 300 Ritter gezählt haben: Otto von Bayern sei »gar köstliche« einhergezogen. Von den schwäbischen Grafen und Herren hatten sich ihm Graf Hartmann von Kirchberg, ein Graf von Landau, Burkhard von Ellerbach und andere angeschlossen.[200] Um Herzog Otto von Bayern den Weg zu König Adolf zu verlegen, stellte sich Graf Albrecht ihm entgegen. Dabei kam es zu dem Gefecht bei Leinstetten am 17. April 1298.[201]

---

[198] Johannes Aventinus, Bayerische Chronik. Johannes Turmair's genannt Aventinus bayerische Chronik. Nd. Neustadt an der Aisch 1996. Schmid, Grafen von Zollern-Hohenberg (wie Anm. 9), S. 99.

[199] Meyer von Knonau, Kuchimeister (wie Anm. 192), S. 271. Stälin, Wirtembergische Geschichte (wie Anm. 126), Bd. 3, S. 88.

[200] Stälin, Wirtembergische Geschichte (wie Anm. 126), Bd. 3, S. 89.

[201] Das genaue Datum der Schlacht ist nur in der Continuatio Hermanni Altahensis über-

Über diese Schlacht gibt es eine Vielzahl von Berichten, was im Grunde erstaun-
lich ist. Sie lassen zumindest erkennen, wie sehr der Kampf und der Tod
Albrechts den Zeitgenossen erzählenswert erschienen. In sich sind die Bericht
widersprüchlich und erlauben nicht, das Geschehen der Schlacht eindeutig zu
rekonstruieren, da einerseits einige den Kampf, das Verhalten der Ritter und
Albrechts in ihren Erzählungen als Beispiele für moralisierende Exempel verwenden, wobei die unterstellten Motive nicht der Realität entsprochen haben
müssen, und andererseits die anderen Berichte gravierende Divergenzen untereinander aufweisen. Das Bild Albrechts, seine Motive und der Ablauf des Kampfes bleiben widersprüchlich.

In einer der Erzählungen wurde kritisch angemerkt, daß die Dienstmannen-
schaft Graf Albrechts mehr an der Beute als an dem Kampf gegen Herzog Otto
interessiert gewesen sei. Ob sich dies wirklich so verhielt, ist allerdings schwer
zu beurteilen, da dies nur in dem Schachzabelbuch Konrads von Ammenhausen,
eines Möchns des Klosters Stein am Rhein und Leutpriester daselbst, überliefert
ist. Konrad, um 1280 geboren, kannte Erzählungen über Albrecht, der wahrscheinlich ein Lehenträger des Klosters Stein war, und seinen Tod wohl noch
durch Berichte von Zeitgenossen. Er verwandte sie als Illustration des Themas
»Tugenden und Schwächen der Ritter«, wobei Albrecht, der selbst »ân alle
schande sleht/ und zuo der welte gar ein helt« war,[202] durch die »gîtekeit« seiner
Diener ins Verderben und in den Tod gebracht wurde. Konrad läßt Albrecht seine
mehr als vierzig Ritter dramatisch um Hilfe rufen, als er sich in Lebensgefahr
sah, und sie daran erinnern, daß sie auf Pferden saßen, die er ihnen geschenkt
hatte. Trotzdem seien sie ihm nicht zu Hilfe gekommen und dadurch quasi seine
Mörder geworden.[203]

Mehrere Quellen, darunter auch Graf Albrecht von Hohenberg sonst wohl-
gesonnene wie Konrad von Ammenhausen und Ottokar, schildern Albrechts
Haltung als etwas dubios. Er habe einerseits Herzog Otto den ungestörten
Durchzug durch sein Herrschaftsgebiet vertraglich zugesichert, ihn aber dann
doch angegriffen (Christian Kuchimeister: »und hatt in der enboten, er wölle si
nit irren«).[204] Auch Konrad von Ammenhausen berichtet, Otto habe damit rechnen können, friedlich durch das Gebiet Graf Albrechts ziehen zu können (»und

liefert. Hermanni Altahensis Continuatio Tertia, hrsg. von Georg Waitz, in: Annales
aevi Suevici (wie Anm. 48), S. 56. Eine zusammenfassende Darstellung des gesamten
Geschehens findet sich bei: Schmid, Grafen von Zollern-Hohenberg (wie Anm. 9),
S. 98–110.

[202] Konrad von Ammenhausen, 1892 (wie Anm. 7), Sp. 257, V. 6819/20.
[203] Konrad von Ammenhausen, 1892 (wie Anm. 7), Sp. 257–259, V. 6824–6901.
[204] Meyer von Knonau, Kuchimeister (wie Anm. 192), S. 277. In der Continuatio Ratis-
bonensis wird berichtet, Albrecht habe Otto »improvise« angegriffen. Continuatio Ra-
tisbonensis, hrsg. v. Philipp Jaffé, in: Annales aevi Suevici (wie Anm. 4), S. 416–420,
hier S. 419.

wande fridlich dur das laent / des selben grauen riten«). Otto habe Albrecht für diese Zusicherung 40 Mark Silber gezahlt; nachdem Albrecht sie aber ausgegeben hatte, habe er ihn angegriffen (»quo dissipato, comes ducem invadit«).[205]

Albrechts Aufgebot bestand offensichtlich nur aus wenig mehr als 50 bis 60 Rittern, etwa 300 Bauern und einer Gruppe sonstigen Fußvolks. Einige seiner Dienstleute, die keine Pferde besaßen, hatte er eigens mit Pferden ausgerüstet. Sein Bruder Burkhard befand sich mit seinen Dienstleuten offensichtlich nicht bei der Mannschaft Albrechts, sondern im Gefolge Albrechts von Habsburg am Oberrhein, so daß ihm auch diese geübten Krieger aus dem hohenbergischen Raum fehlten. Auch dies mag unterstreichen, wie sehr Albrecht von Hohenberg die Gefahr unterschätzt hatte. Numerisch war Albrechts Aufgebot zwar dem des Bayernherzogs überlegen; dieser verfügte jedoch mit der größeren Anzahl von Rittern über eine wesentlich stärkere Streitmacht.[206]

Da Albrecht einsah, daß er mit seiner wohl zum Teil in Eile aufgebotenen und gesammelten Mannschaft seinem Gegner, der lauter geübte ritterliche Krieger bei sich hatte, unterlegen war, entschied er sich für einen nächtlichen Überfall: »unde wolde in der naht / Otten der Beier hêrren / ungemach und schaden mêren«. Ein Späher, den er zum Lager Ottos sandte, meldete ihm, er habe die Bayern, auf keinen Angriff vorbereitet, in ihren Quartieren angetroffen.[207] Albrecht hoffte deswegen, sie »wehrlos in den Betten liegend« überfallen und besiegen zu können.[208] Die Auskunft des Spions erwies sich jedoch als falsch; »sîn spaehe het gelogen, er vand sie woll bereit«. Offensichtlich wurde auch Albrechts geplanter Überfall an Herzog Otto von Bayern verraten. Ob Otto in einem offenen Feldlager übernachtet oder sich in Oberndorf verschanzt hatte, läßt sich aus den unterschiedlichen Quellen nicht eindeutig ermitteln. Die eine Quelle gibt Leinstetten als Ort der Schlacht an.[209] Die gleiche Nachricht findet sich in der Stuttgarter Handschrift der Flores temporum.[210] Eine dritte Quelle

---

[205] Johann Friedrich Boehmer, Fontes rerum Germanicarum, Bd. 1: Johannes Victoriensis und andere deutsche Geschichtsquellen im 14. Jahrhundert, o. O., 1843, S. 336; Meyer von Knonau, Kuchimeister (wie Anm. 192), S. 277 f. Von 50 Mark Silber berichtet Johannes von Viktring. Johannes de Victring (wie Anm. 8), Bd. 1, S. 319 und S. 354.

[206] Ottokar von Steiermark, der in seiner Reimchronik die ausführlichste Schilderung des Treffens von Leinstetten gibt, bezieht sich in seiner Darstellung ausdrücklich auf einen Teilnehmer, nämlich »den von Ellerbach, der es hört und sach«. Ottokar von Steiermark (wie Anm. 3), S. 941, V. 71198.

[207] Ottokar von Steiermark (wie Anm. 3), S. 941, V. 71144 f.

[208] »Sperebat eos invenire inermes et in lectis iacentes, et sic eos prosternere et equorum pedibus conculcare.« Hermanni Altahensis Continuatio Tertia (wie Anm. 201), S. 56.

[209] »Qui Albertus fuit occisus in proprio comitatu suo per quendam ducem Bawariae iuxta castrum Linstetten.« Matthias Neoburgensis (wie Anm. 6), S. 302.

[210] Stuttgart, Württembergische Landesbibliothek, Cod. Hist. 2° 269: Flores tempororum auctore fratre Ord. Min. (vulgo Martino dicto) cum continuatione Hermanni. Zur Handschrift: Wilhelm Heyd, Die historischen Handschriften der Königlich Öffentlichen

gibt die Stadt Oberndorf an.[211] Die letztere Quelle ist exakter in ihrer Kampfes-schilderung, insbesondere gibt sie den Zeitpunkt der Schlacht genau an. Lein-stetten liegt geographisch von einem möglichen Übergang über den Schwarz-wald entfernt. Andererseits sind die Quellen, die von Leinstetten berichten, mit den sonstigen Fällen sehr vertraut, so daß ihre Angaben nicht ohne weiteres abgetan werden können. Unter Umständen hat sich der Kampf zwischen beiden Orten, auf der Anhöhe über dem Neckar, abgespielt, so daß Albrecht in das rund 18 km nordöstlich von Oberndorf gelegene Leinstetten zurückgewichen sein könnte und letztendlich dort getötet wurde.[212] Oberndorf war zum Zeitpunkt der Schlacht Besitz der Herzöge von Teck, so daß die Anlehnung Albrechts an den hohenbergischen Ort Leinstetten, wo sich die hohenbergische Ministerialenburg Lichtenfels befand, einen Sinn macht.

Offensichtlich hat Herzog Otto von Bayern, anstatt sich überfallen zu lassen, bei Tagesgrauen Graf Albrecht unvermutet angegriffen.[213] Statt in der Offensive, sah sich Albrecht plötzlich in die Defensive gedrängt. Nach dem Bericht Otto-kars hatte Otto die Anweisung gegeben, Albrecht entweder gefangen zu nehmen oder ihn zu töten, um einen wichtigen Anhänger der Habsburger auszuschal-ten.[214]

Der Kampf zwischen Otto und Albrecht war kein normaler Kampf, er wurde offensichtlich mit besonderer Emotionalität und in großer Länge geführt.[215] Of-fensichtlich hat sich die Schlachtordnung zeitweise aufgelöst, denn es heißt, ein Teil der Gefolgschaft Albrechts habe den Kampf verlassen, sei es aus Feigheit oder aus Beutegier. Anscheinend sind auch einige Ritter in schändlicher Weise geflohen. Es gelang Albrecht nicht mehr, seine Reihen zu stabilisieren, so daß er, nur noch von wenigen Getreuen umgeben, nach verzweifelter Gegenwehr töd-

---

Bibliothek zu Stuttgart, Bd. 1, Stuttgart 1889, S. 128 f. Schmid, Grafen von Zollern-Hohenberg (wie Anm. 9), S. 103.

[211] »Erat autem pugna 15 Kal. Maii [17. April 1298] prope civitatem Oberndarf, in quam ipse dux intravit cum exercitu suo.« Hermanni Altahensis Continuatio Tertia (wie Anm. 201), S. 56.

[212] Vgl. die ausführliche Schilderung Schmids, der die Kreuzwiese bei Leinstetten als den Todesort Albrechts angibt. Schmid, Art. Graf Albert von Hohenberg (wie Anm. 9), S. 667 f.; ders.: Grafen von Zollern-Hohenberg (wie Anm. 9), S. 104.

[213] Hermanni Altahensis Continuatio Tertia (wie Anm. 201), S. 56; Ottokar von Steiermark (wie Anm. 3), S. 941, V. 71152.

[214] Schmid, Grafen von Zollern-Hohenberg (wie Anm. 9), S. 105.

[215] »Et cum ancipiti congressu allacriter aliquamdiu se concuterent preliantes, comes oc-ciditur, vir mirificus et famosus.« Johannes de Victring (wie Anm. 8), S. 354. »Post longam concertationem comes Burcardus [d. i. Albrecht] laesus de dextrario cecidit.« Chronicon Colmariense (wie Anm. 4), S. 265. Nach einem anderen Bericht wurde Albrecht bereits im ersten Kampfansturm getötet: »Et in prima congressione occisus est predictus comes de Hairlach [Haigeloch] [...]«. Hermanni Altahensis Continuatio Ter-tia (wie Anm. 201), S. 56.

lich verwundet von seinem Roß stürzte. Im Widerspruch zu dieser Schilderung steht der Bericht des Fortsetzers der Chronik des Hermann von Niederaltaich, mit Albrecht seien 40 Ritter gefallen, zahlreiche verwundet und viele von ihnen gefangen worden.[216]

Als die Ritter und die Waffenknechte flohen, scharten sich etwa 300 Bauern um Albrecht und stachen eine große Anzahl der Ritterpferde nieder und versuchten, ihn zu retten. Dieses Niedermetzeln der Pferde wurde offensichtlich als Motiv in der Miniatur der Manessischen Liederhandschrift übernommen. Die bayerischen Ritter sammelten sich rasch, drangen auf die Bauern ein, töteten etwa 300 und verwundeten den Rest. Die wenigen noch Kampffähigen suchten daraufhin ihr Heil in der Flucht und setzten den Bayern keinen Widerstand mehr entgegen.[217] Die Quellen, namentlich Matthias von Neuenburg, rechneten hart mit dem Heer Albrechts ab. Seine Ritter, von panischem Schrecken ergriffen, seien auseinandergestoben wie Hunde, denen man mit Bohnen gefüllte Blasen an die Schwänze gebunden hätte.[218] Er nannte namentlich die Herren von Weitingen und meinte, man führe ihren Beinamen »Lember von Witingen« auf diese feige Tat zurück, was allerdings falsch ist, da der Beiname wesentlich älter als das Gefecht von Leinstetten ist.[219] So wie ein Ei die ganze Heide anstecke, so habe ihre Flucht ihren Herrn getötet. Daher wünschte er ihnen, daß sie zum Raub der Wölfe würden: »utinam fuissent lupi rapaces qui devorassent corpora eorum«.[220] Besonders eindrücklich schilderte Ottokar von Steiermark in seiner Reimchronik den Tode Albrechts.[221]

> dô sie in überwunden hâten
> und er gelegen was aleine,
> dô was der andern strît kleine.
> des nam der strît ein ende
> nâch der missewende,
> die mit grâf Albreht her kâmen:
> die Beier den sic nâmen.

---

[216] Ebd., S. 56. So auch in der Chronik des Heinrich Taube, Albrecht sei »in primo congressu occisus« und »quingenti viri cum eo occisi et capti«. Henricus Surdus (wie Anm. 5), S. 4.

[217] Chronicon Colmariense (wie Anm. 4), S. 265. Schmid, Grafen von Zollern-Hohenberg (wie Anm. 9), S. 106.

[218] »Sicut canes, quibus alligantur vescie, quibus inposite sunt fabe.« Matthias Neoburgensis (wie Anm. 6), S. 303.

[219] Schmid, Grafen von Zollern-Hohenberg (wie Anm. 9), S. 106, Anm. 1. Vgl. dazu auch: Matthias Neoburgensis (wie Anm. 6), S. 303, Anm. 1; Urkunde vom 21. November 1277: WUB, Bd. 8, Nr. 2727.

[220] Matthias Neoburgensis (wie Anm. 6), S. 303.

[221] Ottokar von Steiermark (wie Anm. 3), S. 941, V. 71189 ff. Schmid, Grafen von Zollern-Hohenberg (wie Anm. 9), S. 106.

Als Zeugen für Kampfes führt er einen Ellerbach an, der alle Einzelheiten über Gefangene und Verwundete wisse. Ottokars Klage um Albrecht hat ganz den Charakter einer Heldenklage:[222]

> dô der klagebaere schal
> in dem lande erhal
> umbe grâf Alberehtes tôt,
> diu triwe dô gebôt
> allen getriwen herzen
> daz si den jâmer und smerzen
> muosten beweinen
> und leit umb in bescheinen.
> alle getriwen frouwen
> lât iuch in klage schouwen
> umb iwern gesellen
> diu minne sollt ir zellen
> an im grôze lust
> wand mit vallender brust
> ist nider gangen nâch der lenge
> ein want der kamer enge
> dâ diu minne starc
> irn hort in verbarc
> ir ritter, durch ritters reht
> klaget den grâven Albreht
> sîtz ritterlicher triuwe zimt,
> swâ ein ritter vernimt
> des anderen smerzen,
> daz im der gê ze herzen.
> klag, ellende diet
> diu von kummer dich schiet
> grâf Albrehts milte hant.
> er enwirt in Swâbenlant
> nimmer mêre geborn,
> dâ sô vil an werd verlorn
> als an im, der dâ ist tôt.
> nû sî er enpholhen got.

Selbst die klagten nun über ihn, die zu seinen Lebzeiten seine Feinde waren und ihm nichts Gutes gönnten.[223]

Graf Albrecht von Hohenberg hat also am 17. April 1298 im Einsatz für die habsburgische Sache sein Leben gelassen. Über die Verluste auf bayerischer Seite schweigen die meisten Quellen. Es wird lediglich berichtet, daß Graf Hartmann von Kirchberg verwundet worden und anschließend an seinen Verletzungen gestorben sei.[224] Christian der Küchenmeister berichtet, daß ein Graf von

---

[222] Ottokar von Steiermark (wie Anm. 3), S. 941 f., V. 71200–71231.
[223] Ottokar von Steiermark (wie Anm. 3), S. 942, V. 71239–71242.
[224] Hermanni Altahensis Continuatio Tertia (wie Anm. 201), S. 56.

Landau ebenfalls gefallen sei.[225] Trotzdem war Albrechts Opfer nicht ganz um-
sonst. Herzog Otto mußte sich nach der Schlacht in die Stadt Oberndorf zurück-
ziehen und wurde dort von den Anhängern Graf Albrechts sechs Wochen lang
eingeschlossen.[226] Während dieser Zeit stand er König Adolf nicht zur Verfügung. Da Herzog Albrecht aber in der Zwischenzeit keine Schlacht annahm,
hatte Otto dann doch die Gelegenheit, bis zur Entscheidungsschlacht von Göllheim am 2. Juli 1298 sich mit Adolf zu vereinen.[227] Die Niederlage Adolfs in
dieser Schlacht hat Graf Albrecht und seinen Einsatz für die Sache der Habsburger nachträglich noch gerechtfertigt.[228]

Herzog Albrecht hatte im Mai 1298, nach dem Tode Albrechts von Hohenberg, noch vor der Schlacht gegen König Adolf Graf Eberhard von Württemberg
für seine militärische Unterstützung die Landvogtei Niederschwaben zugesagt.
Nachdem er die Krone gewonnen hatte, erfüllte er seine Zusagen. Damit erhielt
Eberhard, »nun mächtiger Dynast und Landvogt in einer Person«, in Schwaben
eine Stellung, wie sie zuvor Graf Albrecht eingenommen hatte.[229] Dies bedeutete
eine völlige Kehrtwende der habsburgischen Politik. Mit der Erwerbung von
Reichsbesitz konnten die Württemberger ihre Stellung ausbauen. Die bisher mit
ihnen konkurrierenden Häuser Hohenberg, Tübingen, Teck, Asperg gehören zu
den Verlierern dieses Prozesses und wurden in den folgenden Jahrzehnten in den
Auseinandersetzungen zwischen Habsburg und Württemberg um die Vormacht-
stellung in Schwaben aufgerieben.

12. Schluß

Graf Albrecht erscheint als einer der eindrucksvollen Dynasten des 13. Jahrhunderts. Die Grundlagen für das eigene Territorium waren durch seine Vorgänger,
seinen Vater und Großvater, bereits vorgegeben. Die Hohenberger waren aus
dem angestammten Herrschaftsgebiet der Zollern nach Norden ausgewichen und

---

[225] Cristân der Kuchimaister. Nüwe Casus Monasterii Sancti Galli, hrsg. von Eugen Nyf-
fenegger, Berlin 1974, S. 86, V. 314 f. Schmid, Grafen von Zollern-Hohenberg (wie
Anm. 9), S. 110.
[226] Hermanni Altahensis Continuatio Tertia (wie Anm. 201), S. 56. Bei anderen Chronisten
zieht Otto nach dem Sieg direkt zum König: »Also fuorent sy do mit dem sig zuo dem
küng.« Kuchimeister (wie Anm. 225), S. 86, V. 315.
[227] Karina Kellermann, Die Fragmente zur Schlacht von Göllheim. Frühe Zeugnisse
historisch-politischer Ereignisdichtung, in: Euphorion 83 (1989), S. 89–129.
[228] Ludwig Schmid, Kampf um das Reich zwischen König Adolf von Nassau und Herzog
Albrecht von Oestreich, Tübingen 1958; W. Erben, Kriegsgeschichte des Mittelalters,
1929, S. 72 und S. 125; Fritz Trautz, Studien zur Geschichte und Würdigung König
Adolfs von Nassau, in: Geschichtliche Landeskunde. Veröffentlichungen des Instituts
für geschichtliche Landeskunde an der Universität Mainz, hrsg. von Johannes Bär-
mann, Alois Gerlich und Ludwig Petry, Bd. 2, 1965, S. 1–45, hier S. 38–40.
[229] Mertens, Württemberg (wie Anm. 131), S. 28.

hatten um Haigerloch und um die spätere Stadt Rottenburg ein neues Herrschaftszentrum begründet. Neben zahlreichen Burgen, darunter die namensgebende Burg Hohenberg, waren Städte, insbesondere Haigerloch, ein Schwerpunkt der hohenbergischen Herrschaft. Unter Albrecht kam in einem längeren Prozeß seit 1274 bis zum Jahre 1280 die Stadt Rottenburg als neuer wichtiger und siedlungsgeographisch gut gelegener Mittelpunkt hinzu. Die Frauenklöster Kirchberg und Reuthin wurden als Grablegen geistige und geistliche Mittelpunkte der Herrschaft der Grafen von Hohenberg. 1276 wurde das Karmeliterkloster in Rottenburg von Albrecht von Hohenberg gestiftet. Zur neuen Grablege jedoch wurde das erst 1323 gegründete Stift St. Moriz in Rottenburg. Der Zugkraft der großen Städte konnte sich auch die Herrschaft Hohenberg nicht entziehen. Albrecht wurde als Mitglied eines Geschlechtes geboren, dem im 13. Jahrhundert Herrschaft zustand. Engstens versippt mit den ersten Familien der Stauferzeit, vermochte die Familie durch ihren engen Anschluß an die Habsburger auch nach der Zeit des Interregnums ihre hervorragende Position zu bewahren. Das Konnubium der Hohenberger zeigt, daß sie zu den Spitzenfamilien des Heiligen Römischen Reiches, allerdings mit einer starken Verwurzelung in Schwaben, zu rechnen sind. Albrecht war ein ungemein fähiger Dynast; durch seine verwandtschaftliche Beziehung zu den Habsburgern wurde er zu einer der gestaltenden Persönlichkeiten in Südwestdeutschland nach der Zeit des Interregnums. Die Bindung an die Habsburger reichte allerdings bereits in die Stauferzeit zurück. Die Heirat der Schwester Albrechts, Gertrud/Anna, mit Rudolf von Habsburg war jedoch keine zufällige Verbindung und nicht nur allein mit dem Wunsch Rudolfs nach der Verstärkung seiner elsässischen Position durch den Zugewinn des Albrechtstales begründet, sondern sie hat, wie sonst auch im Mittelalter, Vorläufer im genealogischen Beziehungsgeflecht beider Familien. Albrecht war den ritterlichen Traditionen der Stauferzeit verhaftet. Er ist dabei ein Epigone. Seine Dichtung zeigt ihn verbunden mit der Neifengruppe. Sein Hof zog fahrende Sänger an, es waren unter seinen Dienstmannen Dichter zu finden. Sein Leben zwischen Hof, Burg und Stadt spiegelte den Umbruch des späten 13. Jahrhunderts wider. Im politischen Bereich war er einer der Träger der Revindikationspolitik Rudolfs von Habsburg. Sein eigenes Herrschaftsgebiet wurde dabei in Fehden mit den stammesverwandten Grafen von Zollern, mit den Württembergern oder mit dem Städtebund nachhaltig geschädigt. Wirtschaftlich hat sich sein Einsatz für das Haus Habsburg sicher nicht gelohnt. Der ritterliche Ehrenkodex war eine wichtige Norm seines gesamten Verhaltens. Herzog Otto von Bayern zu bremsen, war für ihn eine Ehrenpflicht, auch wenn offensichtlich das gesamte Unternehmen eher einem Todeskommando als einer vernünftigen militärischen Operation glich. Damit ordnete sich Albrecht in das Verhaltensmuster der schwäbischen Ritter schon bei der Schlacht von Dürnkrut ein, die ritterliche Ehre nicht strategischen Überlegungen unterordnen konnten. Mit Albrecht geht ein Repräsentant staufischen Rittertums unter, der die Ideale der ersten Hälfte des 13. Jahrhunderts auch in die zweite übertragen wollte. Er war ein Repräsentant der Adelswelt des Mittelalters; taktische, strategische und kommerzielle Überlegungen des bürgerlichen Zeitalters spielen für ihn keine Rolle. Er wußte um die Bedeutung der Städte; die Anlage der Stadt Rottenburg zeigt dies offensichtlich. Sein gesamtes Denken aber ist der Feudalwelt des hohen Mittelalters verhaftet.

Die Miniatur in der Manessischen Liederhandschrift charakterisiert ihn aufs Beste. Der ritterliche Tod als Bewahrung der Ehre war ein wichtiges Moment; die trauernden Frauen, die »triuwe« und »minne« symbolisieren, stellten hohe Werte seines Normenkanons dar. Albrecht ist ein Adliger, bei dem Burg und Kloster noch die Zentren der eigenen Herrschaft darstellen. Sein Begräbnis im Kloster Kirchberg ist kein Zufall, sondern sprechendes Symbol. Er steht in einer Umbruchszeit. Neben Burg und Kloster treten die Städte. Er selbst hat eine der bedeutendsten Städte am oberen Neckar, die Stadt Rottenburg, gegründet. Sein Begräbnis aber fand dennoch in einem Adelskloster, das im ersten Drittel des 13. Jahrhunderts gegründet wurde, statt.[230] Die Generation nach ihm wird ihren Begräbnisplatz in der Stadt, im St.-Moriz-Stift suchen. Albrecht hat diese neue Zeit kommen sehen. In seinem Wesen aber war er noch ein Ritter der späten Stauferzeit.

---

[230] Vgl. zur Umschrift und Auffindung der Grabplatte Schmid, Grafen von Zollern-Hohenberg (wie Anm. 9), S. 107. Zur Seelgerätsstiftung der Agnes von Werdenberg vgl. Schmid, Monumenta Hohenbergica (wie Anm. 9), Nr. 262 (8. Juli 1317).

WILFRIED SCHÖNTAG

Rechtsstellung und Selbstverständnis der Grafen von Hohenberg im Spiegel ihrer Reitersiegel

1. Grabplatten als Memorialüberlieferung im Kloster Kirchberg

Das ehemalige Kloster Kirchberg ist der geeignete Ort, um über das Selbstverständnis der Grafen von Hohenberg zu sprechen. Im Chor der Klosterkirche stehen Denkmäler, aus denen das gräfliche Selbstverständnis spricht und die die Erinnerung an die Grafen lebendig halten. Es sind vor allem die Grabsteine, die die Vorstellungen und die Denkweise der Grafen am Ende des 13. Jahrhunderts sichtbar und nachvollziehbar machen. Im Dominikanerinnenkloster Kirchberg sind in der zweiten Hälfte des 13. Jahrhunderts die Grafen Burkhard III. von Hohenberg, sein Sohn Albrecht II. und dessen Frau Margarete von Fürstenberg begraben worden, am Anfang des 14. Jahrhunderts weitere Familienmitglieder der Rottenburger Linie.[1] Die Beerdigung war nicht zufällig an diesem Ort erfolgt. Die Adelsfamilien wählten sich ihre Begräbnisorte sorgfältig aus, bedurfte es doch einer geistlichen Gemeinschaft, die das jährlich zu begehende Totengedächtnis über Jahrhunderte hinweg feiern sollte. Als Gegenleistungen erwarteten Konvente der Klöster und Stifte von den einzelnen Familienmitgliedern reiche Stiftungen und Schenkungen. Die Gründung eines Klosters oder Stifts und die Auswahl der geeigneten Grablege waren daher ein herausragender Vorgang in der frühen Geschichte der Adelsfamilien unseres Raumes, die sich seit dem Ende des 11. und vor allem im 12. und 13. Jahrhundert neu formierten. Damals gliederten sich aus den regional weit gestreuten Verwandtschaftsverbänden einzelne Familien aus, die eigene Herrschaften und Herrschaftsmittelpunkte aufbauten und die ein neues Familienbewußtsein entwickelten. Die Ausbildung geistlicher und weltlicher Zentren, die zunächst von Geistlichen vorgenommene

---

[1] Ludwig Schmid, Geschichte der Grafen von Zollern-Hohenberg und ihrer Grafschaft nach meist ungedruckten Quellen, nebst Urkundenbuch, 1862, S. 444 f.; ders., Graf Albert von Hohenberg, Rotenburg und Haigerloch, Bd. 2, 1879, S. 604 f., 714, mit Tafel im Anhang; vgl. allgemein Hans Jänichen, Grafen von Hohenberg, in: Neue deutsche Biographie, Bd. 9, 1972, S. 477–478; ders., Herrschafts- und Territorialverhältnisse um Tübingen und Rottenburg im 11. und 12. Jahrhundert, 1964.

Wilfried Schöntag

Familiengeschichtsschreibung und die Ausbildung des Wappenwesens sind wesentliche Indikatoren für diese Entwicklung.

Die Fürbitte für das Seelenheil der verstorbenen Familienmitglieder und das geistliche Gedenken an die Verstorbenen verbanden im Mittelalter die einzelnen Generationen. Die Grablege einer Familie war der Ort, an dem dies geschah. Hier verband sich das Irdische mit dem Jenseitigen, hier lag die Schnittstelle zwischen weltlicher Geschäftigkeit und dem geistlichen Gedenken und der Fürbitte der Mönche und Nonnen für das Seelenheil der Sünder, die in der Grafschaft Hohenberg Macht ausgeübt hatten.

Eine der ersten Quellen für das Denken in Generationen ist die Grabplatte, die Graf Albrecht II. von Hohenberg für seine im März 1296 verstorbene Frau Margarete von Fürstenberg anfertigen ließ (Tafel 1, vor S. 7).[2] Die Umschrift am Rande der Grabplatte, die die beiden Wappen einschließt, berichtet (in Übersetzung): »Angefertigt worden ist dieser Stein auf Befehl des Grafen Albert von Hohenberg, der über seiner vertrauten Ehefrau mit Namen Margarete liegt, die von Geburt eine Fürstenbergerin war.« Das untere Wappen ist das der Grafen von Fürstenberg, die heute nicht mehr lesbare Umschrift bezieht sich wahrscheinlich auf das Begräbnisdatum.

Der darüberstehende Schild zeigt das Wappen der Grafen von Hohenberg, den in Silber und Rot geteilten Schild. Die Umschrift besagt, daß unter diesem Stein Graf Burkhard III., der 1253 verstorbene Vater des Grafen Albrechts II., und sein Sohn, Graf Albrecht, begraben liegen. Albrecht war am 17. April 1298 im Kampf gefallen und neben seiner Frau und dem Vater begraben worden.

Die einheitliche Buchstabenbildung der nach und nach aufgebrachten Inschrift deutet darauf, daß die Grabplatte von einem Steinmetzen oder in einer Werkstatt angefertigt worden ist. Der obere Schild ist sicherlich nicht ein Abbild des von Albrecht in seiner letzten Schlacht getragenen Kampfschildes; diese hatten in jenen Jahren eine ganz andere Form. Der Bildhauer stellte einen heraldischen Schild dar, auf dem in historisierender Form die in Lilien auslaufenden Schildbeschläge dargestellt wurden. Er griff auf Formen des 12. Jahrhunderts zurück, um den Raum auszufüllen. Da das Hohenberger Wappen aus zwei Farbfeldern bestand, konnte er nur die dünne Teilungslinie darstellen. Der Horror vacui bewog ihn, die leeren Flächen zu gestalten.

Auffällig ist die Formulierung der Umschrift um den Hohenberger Schild: »Tumulati comes Burcardus, pater comitis Alberti, et comes Albertus, filius suus«. Die Verschränkung von pater comitis und filius suus stellt den Vater, Graf

---

[2] Vgl. grundsätzlich Renate Neumüller-Klauser, Von der Memoria zum Grabmal. Zum Bedeutungswandel des Totengedenkens im 13. Jahrhundert, in: Sachsen und Anhalt. Jahrbuch der Historischen Kommission für Sachsen und Anhalt 19 (1997), S. 257–285.

Burkhard III., in den Mittelpunkt, nicht so sehr Albert. Aus Sicht der Überlebenden wird dem Vater bzw. Großvater größere Reverenz erwiesen als dem Bruder oder eigenen Vater. Diese Inschrift bezeugt den Vorgang der Erinnerung innerhalb der Familie. Burkhard III. war zwar in der Kirche begraben worden, aber es hatte bis dahin noch keinen Grabstein in der von ihm gestifteten Kirche gegeben, an den die Memoria im liturgischen und geistlichen Sinne oder in der verweltlichten Form des Ahnenkults anknüpfen konnte. Erst anläßlich des Todes seines Sohns Albrechts II. schufen die Überlebenden, seine beiden Söhne und sein Bruder, dieses äußere Zeichen. Die ursprünglich für Margarete angefertigte Grabplatte wurde zum Memorialzeugnis für den Grafen Burkhard III.

Diese schlichte Platte hat für das Selbstverständnis der Familie einen hohen Stellenwert, ist sie doch das erste Zeugnis, daß das Denken in Generationen belegt. Nicht die Burgen Hohenberg, Haigerloch oder Rottenburg, nicht die häufig wechselnden Bezeichnungen der Familienmitglieder nach Hohenberg, Haigerloch oder Rottenburg sind das verbindende Moment für die ersten Generationen der Grafen von Hohenberg, sondern das Familienbegräbnis im Kloster Kirchberg. Die Söhne Albrechts II. setzten diese Tradition fort. Graf Rudolf I. von Hohenberg stiftete 1317 ein Seelgerät für seinen Vater Albrecht II. und seine gerade verstorbene Ehefrau Agnes von Werdenberg.[3] Ein Jahr später schenkte ein Bürgerlicher Geld für den Unterhalt der Lichter am Grabe von Albrecht II. und seiner Kinder.[4] Hierbei wird es sich um den 1304 kinderlos verstorbenen Grafen Albrecht III. und vielleicht auch um den 1317 verstorbenen Kleriker Albrecht IV. gehandelt haben. Nach der Teilung der Herrschaft Hohenberg mußte sich Albrechts II. Bruder, Graf Burkhard IV., der die Teilherrschaften Nagold und Wildberg erhalten hatte, eine neue Grablege schaffen; für ihn war in Kirchberg kein Raum. Er wählte für sich und seine Frau das Kloster Reuthin bei Wildberg als Grablege.

Wie ist die künstlerische Qualität der Grabplatte zu beurteilen? Eine 1295 für die Kirche in Kirchberg angefertigte Platte zeigt das gleiche Bildprogramm. Eine entlang des Randes umlaufende Inschrift faßt zwei Wappenschilde ein, oben das der Pfalzgrafen von Tübingen, unten das der Ehefrau aus dem Hause von Eberstein.[5] Es handelt sich um ein weitverbreitetes Bild- bzw. Gestaltungsmuster. In dieser Art ließen sich im 13. und 14. Jahrhundert zahlreiche edelfreie und gräfliche Adelige in Südwestdeutschland Grabplatten anfertigen.[6]

---

[3] Ludwig Schmid, Monumenta Hohenbergica. Urkundenbuch zur Geschichte der Grafen von Zollern-Hohenberg und ihrer Grafschaft, 1862, S. 213, Nr. 261.

[4] Ebd., S. 223, Nr. 273.

[5] Eduard Paulus, Kunst- und Altertumsdenkmäler des Königreichs Württemberg: Schwarzwaldkreis, 1897, S. 363 f.

[6] E. Borgward, Die Typen des mittelalterlichen Grabmals in Deutschland, 1939; Paul Ganz, Geschichte der heraldischen Kunst in der Schweiz im 12. und 13. Jahrhundert, 1899, S. 122 ff.

Die Gestaltung der Grabplatte baut auf den Elementen Schriftband und Wappenschild auf. Die Familie wird durch das Wappen repräsentiert, die Schrift übernimmt die Zuordnung einer einzelnen historischen Person innerhalb der Familie. Das Wappen steht stellvertretend für alle Personen einer Familie, die Inschrift muß die individuelle Zuordnung vornehmen. Im Unterschied dazu repräsentierte das figürliche Grab eine einzelne Person, deren Zugehörigkeit zu einer Familie wiederum durch das Wappen und/oder die Schrift vorgenommen wurde. Es war sicherlich nicht nur eine Frage des Reichtums oder der Verfügbarkeit geeigneter Künstler, sich eine schlichte Grablatte oder ein aufwendiges Figurengrab anfertigen zu lassen. Es waren Fragen der Mentalität, der Selbstdarstellung und des machtpolitischen Gewichts und des Eingebundenseins in die Familientradition. Daß das Grabmal eine eminent politische Aussage enthalten konnte, zeigt die fast zur gleichen Zeit entstandene Tumba des württembergischen Grafen Ulrichs I. des Stifters und seiner Frau Agnes von Schlesien-Liegnitz.[7]

Graf Ulrich und seine Frau werden mit den Insignien der Herrschaft und Macht in prächtigen Gewändern fürstengleich dargestellt. Der sich in der Tumba ausdrückende herrschaftliche Anspruch ist schnell zu erklären, wenn man sich in die politischen Ereignisse in Schwaben am Ende des 13. Jahrhunderts vertieft. Demgegenüber bewegt sich die Grabplatte der Hohenberger in einem ganz anderen gedanklichen Kontext der Familie und des Zusammenhalts der Generationen.

2. Die Siegel der Grafen von Hohenberg als Bildquellen und Textzeugnisse

Die Grabplatten der Grafen von Hohenberg sind eine Quelle für die Frage nach dem Selbstverständnis der Familienmitglieder. Es sind Memorialzeugnisse, die, wenn zu Lebzeiten angefertigt, von den Vorstellungen des Dargestellten im Sinne einer Selbstdarstellung geprägt sind, oder, wenn sie nach dem Tode entstanden sind, die Vorstellungen der Familie über den Verstorbenen und dessen Stellung innerhalb der Generationen enthalten. In jedem Falle sind sie auf Außenwirkung angelegt, da sie ständig sichtbar sein sollten. Diese Quellen müssen mit anderen zeitgenössischen Zeugnissen konfrontiert werden.

Die Urkunden eignen sich hierfür wenig. Im 13. Jahrhundert befassen sie sich vor allem mit Güter- und anderen Rechtsgeschäften. Die Urkundentexte enthalten formelhafte Teile wie die Invokation, in der Titulaturen der Grafen von Hohenberg erscheinen, die hin und wieder etwas über ihre Selbsteinschätzung

---

[7] Zunächst wohl im Stift Beutelsbach, dann in der Stiftskirche in Stuttgart aufgestellt. Abb. in: Das Haus Württemberg. Ein biographisches Lexikon, hrsg. von Sönke Lorenz u. a., 1997, S. 21.

aussagen. Um das Formelhafte vom Individuellen unterscheiden zu können, muß bekannt sein, wer den Text der Urkunde verfaßt hat, die gräfliche Schreibstube oder die Kanzlei des Empfängers, zumeist Klöster und Stifte. Wertvolle Hinweise auf die Lebensformen der Grafen von Hohenberg haben die Untersuchungen der Hohenberger Burgen[8] erbracht, die Rückschlüsse auf die Verwaltung, die Hofhaltung und die Repräsentation erlauben. Die Zeugnisse der Dichter vor allem aus dem Ende des 13. und Anfang des 14. Jahrhunderts sind in die Gruppe der Heldengedichte einzureihen. Waren die besungenen Helden aber wirklich so groß, stark und edelmütig, wie sie der Dichter darstellt?

Es gibt eine weitere Gruppe von Quellen und Überresten, die der jeweilige Graf von Hohenberg in Form und Inhalt bestimmt hat, und das sind die Siegel. Siegel dienten der Beglaubigung und waren daher Rechtssymbole.[9] Die im Bild dargestellten Herrschaftszeichen und die Formulierung der Umschrift mußten genau auf die siegelführende Person passen. Das Siegel repräsentierte und vertrat die Person des Siegelführers und drückte bis zum 12. Jahrhundert die Vergegenständlichung der Banngewalt des Inhabers aus. Dies galt jedoch nur so lange, wie die Legende in der Nominativform gehalten war (Name im Nominativ, Amt/Würde, Ort). Als in der zweiten Hälfte des 12. Jahrhunderts aufgrund der päpstlichen Gesetzgebung der Kreis der Siegler stark erweitert wurde, formulierte der Kreis der neuen Siegler die Legende in der Kollektivform (»Sigillum«, Name im Genitiv, Amt/Würde, Ort), wie dies in Frankreich und England schon lange üblich war. Die deutschen Könige und Kaiser vollzogen im hohen und späten Mittelalter diesen Wechsel niemals, sie blieben bei der Nominativform. Die geistlichen und weltlichen Reichsfürsten und die Grafen gingen im Verlaufe des 13. Jahrhunderts zur Kollektivform der Siegelumschrift über.

Im Reich stellte im 12. Jahrhundert die Fahnenlanze in den Siegelbildern ein reichsfürstliches Belehnungssymbol dar.[10] Das Schwert war das Zeichen der Gerichtsherrschaft, es war aber auch das in der kirchlichen Zeremonie des Ritterschlags geweihte Schwert, das den »miles christianus« auszeichnete. In Frankreich und England gewann der Ritterkult so große Bedeutung, daß Könige, Fürsten und Grafen in ihren Siegelbildern die Fahnenlanze durch das Schwert ersetzten. Aufgrund dieses Vorbilds übernahmen gräfliche Familien im Reich seit der Mitte des 12. Jahrhunderts den das Schwert schwingenden Reiter in ihr

---

[8] Hans-Martin Maurer, Burgen am oberen Neckar. Hohenberger Hofburgen – Bautypen – Burgfrieden, in: Zwischen Schwarzwald und Schwäbischer Alb. Das Land am oberen Neckar, hrsg. von Franz Quarthal, 1984, S. 111–160, bes. S. 112f., 123f.

[9] Wilfried Schöntag, Das Reitersiegel als Rechtssymbol und Darstellung ritterlichen Selbstverständnisses. Fahnenlanze, Banner und Schwert auf Reitersiegeln des 12. und 13. Jahrhunderts vor allem südwestdeutscher Adelsfamilien: in: Bild und Geschichte. Studien zur politischen Ikonographie. Festschrift für Hansmartin Schwarzmaier, hrsg. von Konrad Krimm und Herwig John, 1997, S. 79–124, bes. S. 80f.

[10] Ebd., S. 86f., 99f., 123f.

Siegelbild. Das Schwert zeigte jedoch auch eine den älteren wie jüngeren Reichsfürsten nachrangige Stellung in der Heerschildordnung und im Verfassungsgefüge des Reichs an.

Siegel sind serielle Quellen, anhand deren Bilder und Umschriften weitreichende Schlüsse gezogen werden können, wenn die örtlichen und zeitlichen Bedingtheiten berücksichtigt werden. Da es für die Gestaltung der Siegel Formvorschriften gab und nichts dem Zufall überlassen blieb, können wir davon ausgehen, daß die Siegel in der Formulierung der Umschrift wie in der Darstellung des Bildes dem unmittelbaren Willen und der Vorstellung des Siegelführers entsprechen. Die Siegel stellen eine Quellengruppe dar, die wir nach der verfassungsrechtlichen Stellung und nach dem Selbstverständnis der Grafen von Hohenberg befragen können.

3. Die Entstehung der Linie der Grafen von Hohenberg

Das Reitersiegel des Grafen Burkhards von Zollern-Hohenberg (1170–1193) ist eine herausragende Quelle, die das Verhältnis der Grafen von Zollern zu den Grafen von Hohenberg beleuchtet. Daß die Grafen von Hohenberg eine Linie derer von Zollern sind, ist seit dem 19. Jahrhundert bekannt. Die Beziehungen der beiden Familien untereinander konnten anhand der schriftlichen Quellen nicht ermittelt werden.

Die Diskussion über das Problem Zollern-Hohenberg ist durch die umfangreichen Arbeiten des Tübinger Gelehrten Ludwig Schmid belastet. Wenn man seine Arbeiten genau liest, erkennt man, daß ihm bewußt war, daß der um 1193 verstorbene Burkhard von Zollern, der sich auch nach Hohenberg benannte, der Älteste einer zollerischen Linie war, die als ältere Linie über die Grafschaftsrechte verfügte. Im Text deutet er dieses Wissen an, in den Stammtafeln und Zusammenfassungen rückt er dagegen die jüngere Linie mit dem Leitnamen Friedrich an die Stelle der älteren, um ihr einen herausragenden Rang zu verleihen. Aus der jüngeren Linie gingen die Burggrafen von Nürnberg hervor, die später die Kurfürsten von Brandenburg, dann die preußischen Könige und schließlich die deutschen Kaiser stellten. In der zweiten Hälfte des 19. Jahrhunderts betrieb Ludwig Schmid hochpolitische Geschichtsschreibung, die die Linie der Grafen Friedrich von Zollern hervorhob, um dem preußischen Königshaus mächtige Vorfahren beizulegen und eine hohe Abstammung nachzuweisen. Alle anderen Zollern mußten demgegenüber abgewertet werden. Schmid wies der Hohenberger Linie daher eine nachrangige Stellung zu.

Ein weiteres quellenbedingtes Problem lag darin, daß der Verbleib der Ausfertigung der Urkunde mit dem zollerischen Reitersiegel bis zum Ende des 19. Jahrhunderts nicht bekannt war und daher nicht nach dem Original, sondern nach einer verderbten Version Gabelkofers zitiert werden mußte.[11] Erst 1934 ist die Urkunde aus der Universitätsbibliothek München wieder in das Hauptstaatsarchiv Stuttgart gelangt, 300 Jahre nachdem sie von einem Forscher entfremdet worden war.[12]

1. Reitersiegel Graf Burkhards von Zollern-Hohenberg
Abdruck aus der Zeit um 1190
Vorlage und Aufnahme: Hauptstaatsarchiv Stuttgart

Die Urkunde mit dem sehr gut erhaltenen Siegel ist in vielerlei Hinsicht von zentraler Bedeutung. Ein Graf Burkhard von Hohenberg stiftete im Zisterzienserkloster Bebenhausen für sich, seine Frau, seine Kinder und seine Eltern ein Seelgerät in der Form, daß er seinen Leuten erlaubte, Lehen und Dienstgüter an das Kloster zu schenken. Die Intitulatio spricht von einem Grafen Burkhard von Hohenberg, die Siegellegende lautet dagegen unzweideutig: »BURCHARDUS

---

[11] WUB, Bd. 4 (1883), S. 378, Nr. 74, bringt im Nachtrag eine deutsche Übersetzung aus einem Kopialbuch des Klosters Bebenhausen; erst Bd. 7 (1900) bringt S. 480 unter den Verbesserungen zu Bd. 4 den lateinischen Text der inzwischen in der Universitätsbibliothek München gefundenen Urkunde mit einer genauen Beschreibung des Wachssiegels. Heute liegt die Urkunde wieder im zugehörigen Bestand Kloster Bebenhausen im Hauptstaatsarchiv Stuttgart, A 474, Urk. 44, um 1190. Schmid, Grafen von Zollern-Hohenberg (wie Anm. 1), S. 8 mit Anm. 4 geht auf die Urkunde ein, erkennt jedoch nicht die verfassungsgeschichtliche Bedeutung.

[12] Zum Irrweg der Urkunde, die um 1630 Prof. Besold nach Ingolstadt mitgenommen hatte, vgl. Repertorium A 474, Kloster Bebenhausen, Einleitung und S. 52.

COMES DE ZOLLRE GRA(ti)A D(e)I«. Da Burkhard in der Siegelankündigung feststellt, daß er sein eigenes Siegel an der Urkunde anbringen werde (»presentem cartam sigilli nostri impressione testium quoque designatione muniri fecimus«), siegelte ein Graf von Hohenberg mit dem Siegel eines Grafen von Zollern.

Das Siegelbild ist sicherlich kein Meisterwerk, das Wirtembergische Urkundenbuch spricht von »ziemlich rohe[r] Arbeit«. Es entspricht jedoch dem Stil und der Handwerkskunst der Zeit um 1190. Der gerüstete Graf mit konischem Helm sitzt auf einem nach links gehenden Pferd, der Bocksattel ist deutlich erkennbar. Die Haltung des Reiters und der lang herunterhängende Steigbügel deuten auf einen ruhigen Gang des Pferdes. Die linke Hand liegt auf dem Knauf des gegürteten Schwerts, in der rechten, verdeckten Hand hält er den Schaft einer Fahnenlanze, der weit unter den Bauch des Pferdes herunterreicht. Das Tuch der Fahne füllt den Raum hinter dem Rücken des Reiters aus. Die Fahne ist zweibahnig und mit Punkten belegt dargestellt. Ein Schild ist nicht zu erkennen. Bemerkenswert ist, daß drei Vorder- und Hinterbeine des Pferdes in das für die Umschrift bestimmte Band hineinreichen. Da auch der Schwanz des Pferdes einen Teil des Schriftbands bedeckt, hatte der Goldschmied nicht genügend Raum für den Text der Legende und konnte die Worte »gratia dei« kaum unterbringen. Der Künstler schuf durch die Überschneidungen von Bild und Schriftband eine kompakte Darstellung, die in einzelnen Bereichen künstlerisch sehr gut gelungen ist.

Das Siegelbild und die Legende sind in ihrer vollen Bedeutung zum Sprechen zu bringen, wenn sie mit anderen Reitersiegeln dieser Zeit verglichen werden. Der Reiter mit der Fahnenlanze kennzeichnet Burkhard als einen zum (älteren) Reichsfürstenstand zählenden Grafen, der mit Reichslehen belehnt war. Dies sagt auch die Siegellegende aus. Die Nominativform und die Wendung »dei gratia« verwendeten im 12. Jahrhundert allein die Reichsfürsten. Wenn nun Burkhard als Graf von Hohenberg das vor 1179, dem Zeitpunkt der Bildung der Hohenberger Linie, für einen Zollerngrafen geschnittene Reitersiegel weiterverwenden konnte, so mußte er die alte verfassungsrechtliche Stellung noch innehaben. Als Vertreter der neuen Hohenberger Linie hatte er die zollerischen Reichslehen und sonstigen vom Reich verliehenen Rechte übernommen bzw. erhalten. Für die jüngere Linie mit dem Leitnamen Friedrich bedeutete dies, daß sie nicht mehr über diese Rechte verfügen konnte, daß ihnen eine mindere Stellung gegenüber den Hohenbergern zukam.

Die mit der Linienteilung zusammenhängenden Ereignisse können hier nur verkürzt dargestellt werden.[13] Auf Grund der wachsenden Spannungen zwischen

---

[13] Wilfried Schöntag, Die Herrschaftsbildung der Grafen von Zollern vom 12. bis zur Mitte des 16. Jahrhunderts, in: ZHG 32 (1996), S. 167–228, hier S. 174 f., 188 f., 193 f.

Kaiser Friedrich Barbarossa und Herzog Heinrich dem Löwen war es 1179 in Oberdeutschland zu einem Aufstand Heinrichs des Löwen gekommen, bei dem auch zollerische Grafen gegen den Staufer kämpften. Nach der Niederschlagung des Aufstands erschienen die damals lebenden vier zollerischen Grafen auf dem Hoftag in Konstanz beim Kaiser. Die beiden Brüder der älteren Linie, Burkhard und Friedrich, nannten sich nun jedoch nach Hohenberg, die beiden Vertreter der jüngeren Linie, Berthold und Friedrich, werden weiterhin als Grafen von Zollern bezeichnet. Auf dem Konstanzer Hoftag oder in dessen zeitlichem Umfeld hatte Kaiser Friedrich I. mit großer Wahrscheinlichkeit eine territoriale Neuordnung vorgenommen, die die im Besitz der Zollern befindlichen Grafschaftsrechte, aber auch den Raum um Haigerloch und Rottenburg betraf.

Der Herrschaftsbereich der Grafen von Zollern wurde aufgeteilt. Die Reichsrechte, die an der Burg Hohenberg hingen und weitgehend mit dem Forst auf der Scheer identisch gewesen sein dürften, gingen an die ältere Linie der Zollern über, die sich nun nach der Burg Hohenberg benannte. Hinzu kamen Rechte und Besitzungen um Haigerloch und Rottenburg. Der Namenwechsel zeigt, auch wenn zwischen 1179 und 1207 neben dem neuen hin und wieder noch die alte Bezeichnung verwendet wurde, eine Schwerpunktverlagerung an. Der Namenwechsel deutet auch darauf, daß die Trennung von außen aufgezwungen worden ist, daß Friedrich Barbarossa hier eingegriffen hat.

Dieser Vorgang hatte für die Entwicklung der Hohenberger und der zollerischen Linien größte Bedeutung, die sich auch in der Siegelgestaltung zeigte. Die Grafen von Hohenberg führten im 13. Jahrhundert weiterhin ein Reitersiegel, da sie über gräfliche Rechte verfügten. Die Grafen von Zollern nahmen ein Wappensiegel mit kollektiver Legende und ohne »dei gratia« an, das zunächst einen Löwen, dann einen in Silber und Schwarz gevierten Schild zeigte. Die Grafen von Zollern mußten sich eine neue Herrschaft aufbauen.

Die Ereignisse um 1179 mußten etwas ausführlicher dargestellt werden, um die Entwicklung der Hohenberger Grafen im 13. Jahrhundert verstehen zu können. Nicht die Grafen von Zollern waren künftig die mächtige Familie, sondern die Hohenberger, die mit den ehemaligen zollerischen Grafenrechten und dem Forst auf der Scheer, mit dem Erbe der Grafen von Haigerloch und der Herren im Rottenburger Raum eine bedeutende Macht angesammelt hatten und eine neue Herrschaft aufbauen konnten.

4. Die Grafen von Hohenberg im 13. Jahrhundert: Graf Burkhard II.

Ein Abdruck des Reitersiegels Graf Burkhards II. von Hohenberg (1207–1217 genannt, gestorben vor 1225) hat sich nur erhalten, weil sein Bruder Albrecht I., Herr bzw. Graf von Rottenburg, als Vormund seines Neffens Burkhard im Jahr 1225 dessen Siegelstock benutzte.[14]

2. *Reitersiegel Graf Burkhards II. von Hohenberg*
Abdruck aus dem Jahr 1225
MonZoll, Bd. 1, S. 41

Graf Burkhard II. von Hohenberg reitet nach rechts, in der rechten Hand eine kurze Lanze oder einen Spieß, am linken Arm einen dreieckigen Schild, der von der Seite der Halterung, der Rückseite, zu sehen ist. Ist auf vielen Reitersiegeln der Reiter mit der Fahnenlanze oder dem geschwungenen Schwert abgebildet, so sehen wir hier eine dritte Variante, die dem Turnier zuzuordnen ist. Die eingelegte Lanze könnte auf eine kriegerische Darstellung schließen lassen. Dies ist sicherlich nicht der Fall, da das Kampfgetümmel anderen Darstellungsformen, z. B. der Buchmalerei, vorbehalten war. Hier handelt es sich um eine stilisierte Darstellung der Herrschaft, denn das Turnier war im 12. und 13. Jahrhundert eine herausragende Form des höfischen Lebens. Die Haltung des rechten Beins, das sich mit durchgedrücktem Knie in den Steigbügel stemmt, zeigt, daß das Pferd in Bewegung ist und sich der Reiter mit dieser Beinhaltung fest in den Sattel preßt, um Stöße aufzufangen.

Die Umschrift »*:BVRCARDVS:COMES:DE:HOHENBERC:« benutzt weiterhin die alte Form im Nominativ, es fehlt jedoch die Formel »dei gratia«. Entsprechend der Entwicklung der Reichsverfassung gehörten die Grafen nach 1180 nicht mehr zu der Gruppe der (jüngeren) Reichsfürsten. In ihren Siegel-

---

[14] MonZoll, Bd. 1, S. 40, Nr. 112, Abb. S. 41; WUB, Bd. 3, S. 160; Urkunde: Bestand Kloster Kreuzlingen, Archiv Frauenfeld, Schweiz.

bildern und Legenden paßten sie sich daher nach und nach der neuen Stellung an. Das Siegelbild dokumentiert insgesamt einen Übergangszustand. Die Hohenberger hatten nicht mehr das Recht, ihr Siegelbild mit der Fahnenlanze zu versehen und den reichsfürstlichen Titel »von Gottes Gnaden« zu verwenden. Burkhards Stellung war gegenüber der vorhergehenden Generation gemindert worden. Die Ursachen lagen in der verfassungsrechtlichen Fortentwicklung des Reiches, in der Abgrenzung der Reichsfürsten gegenüber den Grafen.

Für das Selbstbewußtsein Burkhards II. spricht, daß er an dem Reitersiegel festhielt, auch wenn er die Attribute der Macht und die Legende verändern mußte. Im Vergleich mit anderen Grafen ging Burkhard II. von Hohenberg in seiner Selbstdarstellung einen eigenen Weg, indem er den Reiter mit der Lanze wählte. Dieses Bild kommt nicht so häufig vor wie der Reiter mit dem Schwert. Der Lanzenreiter begegnet im 13. Jahrhundert immer wieder einmal. Graf Rudolf von Habsburg siegelte z. B. von 1259 bis 1273 mit einem Reitersiegel mit Lanze,[15] nachdem vorher der Reiter mit Schwert üblich war. In Erinnerung ist zu rufen, daß er 1245 Gertrud von Hohenberg geheiratet hatte. Hier könnten wechselseitige Beeinflussungen vorliegen.

Graf Burkhard II. herrschte in einer Grafschaft mit differenzierter Verwaltung. Die Hofverwaltung ist anhand der mit verschiedenen Ämtern betrauten Personen faßbar. Ministeriale dienten als Truchsessen und Marschälle.[16] Bei der Burg Hohenberg wohnten Ministeriale, die dem Ritterstand angehörten. Aus vielen meist zufällig überlieferten Details ergibt sich das Bild einer gehobenen Hofhaltung in der Burg Hohenberg.

5. Graf Burkhard III. von Hohenberg

20 Jahre später, 1245, ist der Abdruck eines Reitersiegels des Grafen Burkhards III. (1245 – 14. Juli 1253) entstanden.[17] Die Bildkomposition ist darauf ausgerichtet, Macht und Einfluß darzustellen und nicht etwa eine Kampf- oder Turnierszene. Das nach links springende Pferd trägt einen Bocksattel und ist für die Zeit – der Siegelstempel kann nicht lange vor 1245 angefertigt worden sein – altmodisch ohne Sattel- oder Pferdedecke dargestellt. Der Reiter dreht sich im Sattel, um dem Betrachter den Oberkörper und den Kopf frontal zuzuwenden. Der

---

[15] Schöntag, Reitersiegel als Rechtssymbol (wie Anm. 9), S. 121 mit Belegen; an der Urkunde im GLA Karlsruhe (21/7297 und 7298 zu 1271 Februar 27) hangen die gut erhaltenen Siegel Graf Rudolfs von Habsburg, der drei Grafen von Hohenberg und des Grafen Konrad von Freiburg, die die unterschiedlichen Gestaltungsmöglichkeiten zeigen.

[16] Maurer, Burgen (wie Anm. 8), S. 114 mit Belegen.

[17] HStA Stuttgart, A 474, Urk. 490; WUB, Bd. 4, S. 86, Nr. 1035.

Schild mit dem hohenbergischen Wappen hängt daher an der linken Schulter
weit in den freien Raum hinein. Die rechte Hand hält eine kurze Lanze. Der
Helm mit dem geschlossenen Visier ist frontal dargestellt, so daß die Helmzier
mit den mit Federn oder Blättern besteckten Büffelhörnern[18] gut zu sehen ist.
Das Pferd reicht mit den Hinterbeinen in das Schriftband hinein, es stützt sich,
bildlich gesprochen, an der äußeren Kreislinie zum Sprung ab. Der Siegelstecher
hat die ansonsten leere Fläche hinter dem Rücken des Reiters geschickt mit dem
Schild ausgefüllt, der ebenso wie die im Verhältnis zum Helm etwas zu große
Helmzier das Bild beherrscht. Der Goldschmied hat keine naturalistische Tur-
nierdarstellung geschaffen, sondern ein von den zentralen Identifikationszeichen
der Grafen von Hohenberg, dem Wappen und der Helmzier, dominiertes Siegelbild. Das harmonisch in den Kreis komponierte Bild strahlt Kraft und Selbst-
vertrauen aus.

3. Reitersiegel Graf Burkhards III. von Hohenberg
Abdruck aus dem Jahr 1245
Vorlage und Aufnahme: Hauptstaatsarchiv Stuttgart

Die Siegelumschrift hat nun die moderne kollektive Formulierung angenommen: »SIGILLUM COMITIS BURCARDI DE HOHENBERC«.

---

[18] Bei den Hohenbergern bestand die Helmzier zunächst aus mit Federn oder Blättern
besteckten Büffelhörnern, die wie die Wappenfarben oben Silber und unten Rot gefärbt
waren. 1296 erscheint auch ein bestecktes Schirmbrett. Erst um 1300 werden den
Büffelhörnern Bänder hinzugefügt, und es entstehen daraus Hifthörner (Jagdhörner).
Vgl. Abb. bei Otto von Alberti, Württembergisches Adels- und Wappenbuch, Bd. 1,
1889–1898, S. 331.

Der demonstrativ in den Raum gestellte Wappenschild verweist auf das damals wichtigste Identifikationszeichen für eine Adelsfamilie. Die erste erhaltene Wappenabbildung eines Grafen von Hohenberg, der in Silber und Rot geteilte Schild, ist auf diesem Reitersiegel Graf Burkhards III. angebracht. Es ist davon auszugehen, daß die Grafen von Hohenberg um 1200 oder kurz danach dieses Wappen angenommen haben, dessen Farben Silber und Rot auf die von den Bischöfen von Bamberg genommenen Lehen im Rottenburger Raum zurückzuführen sind. Die Annahme eines Heroldsbildes deutet darauf, daß entsprechend der neuen Herrschaftsbildung auch ein neues Wappen angenommen wurde.

Unter Graf Burkhard III. erfolgte die Verlagerung des Herrschaftssitzes vom Hohenberg nach Haigerloch, das nun Mittelpunkt der Hofhaltung wurde. Daneben treten die Burgen Alt-Rottenburg und Hohennagold als Verwaltungszentren in den Blick.[19] Burkhard hat an allen vier Hofburgen – Hohenberg, Haigerloch, Rottenburg und Hohennagold – gebaut und einen eigenen Bau- bzw. Befestigungsstil entwickelt.[20] Dies hängt wohl damit zusammen, daß er als notorischer Gegner der Staufer die Verteidigungsfähigkeit der Burgen verbessert hat. Bezeichnend ist hierfür der Ausspruch des päpstlichen Legaten Albert Bohemus, daß die Grafen von Zollern und von Hohenberg als Anhänger der päpstlichen Partei über Burgen und Befestigungen verfügten, die geeignet waren, der Macht des staufischen Königs und Kaisers Widerstand zu leisten. Auf dem Siegelbild ließ sich Burkhard III. als selbstbewußten Grafen in Herrscherpose darstellen, der seinen eigenen Weg geht.

Seine drei Söhne regierten in der Herrschaft Hohenberg wahrscheinlich zunächst gemeinsam, dann teilten sie die Herrschaft unter sich auf. Nach dem frühen Tode des jüngsten Sohnes Ulrich (vor 1281) regierten Graf Albrecht II. in den Teilherrschaften Hohenberg, Haigerloch und Rottenburg und Graf Burkhard IV. in den Teilherrschaften Nagold und Wildberg.

6. Die Siegel Graf Albrechts II. von Hohenberg

Graf Albrecht II. von Hohenberg (1258 – 17. April 1298)[21] hat sein erstes Reitersiegel, von dem ein Abdruck aus dem Jahr 1260 überliefert ist,[22] fast genau dem Siegelbild seines Vaters nachgebildet. Körperhaltung, Helmzier, Schildhaltung, Lanze und hinterer Pferdeteil stimmen überein.

---

[19] Maurer, Burgen (wie Anm. 8), S. 115 f.
[20] Ebd., S. 129 f.
[21] Zur Person A. Gauert in: Neue deutsche Biographie, Bd. 1, 1953, S. 128 f.
[22] HStA Stuttgart, B 462, Urk. 487a zu 1260 April 27.

4. Reitersiegel Graf Albrechts II. von Hohenberg, Typar I
Abdruck von 1260 April 27
Vorlage und Aufnahme: Hauptstaatsarchiv Stuttgart

Gegenüber dem Siegelbild seines Vaters ist allein die Haltung der beiden vorderen Pferdebeine verändert worden, die stärker nach unten abgewinkelt sind. Selbstverständlich ist die Legende auf den neuen Namen abgestimmt. Aber auch hier ähneln sich die stark unzialen Buchstaben so sehr, daß von gleichem Künstler oder zumindest gleicher Werkstatt ausgegangen werden muß. Albrecht stellte sich vollständig in die von seinem Vater begründete Tradition und übernahm dessen Selbstverständnis.

So übernahm er auch vom Vater[23] die hin und wieder in der Intitulatio der Urkunden verwendete Formel »dei gratia«,[24] die nun jedoch nur noch eine Höflichkeitsform war, die bestimmte Kanzleien den bedeutenden Grafen zukommen ließen.[25] In den Siegellegenden, und das sind die rechtlich verbindlichen Texte, erscheint die Formulierung nicht mehr.

Auf Grund der mit dem gerade besprochenen Reitersiegel übereinstimmenden Buchstabenformen der Legende ist ein kleines Wappensiegel Albrechts II. an dieser Stelle zu nennen.[26]

[23] WUB, Bd. 4, S. 85 zu 1245, S. 196 zu 1249 Juli 19, Rottenburg.
[24] Ab 1264 z. B. »Albertus nobilis divina gratia comes in Rotinburc [...]«.
[25] Vgl. die zwischen 1240 und 1260 verfaßte Summa dictaminum, des Magisters Ludolf, in: Ludwig Rockinger, Briefsteller und Formelbücher des 11. bis 14. Jahrhunderts, 1863, Bd. 1, S. 347–402, hier S. 362.
[26] WUB, Bd. 7, S. 114 f., Nr. 2174; Monumenta Hohenbergica (wie Anm. 3), S. 35 f.,

5. Wappensiegel Graf Albrechts II.
Abdruck von 1270 Oktober 19
Vorlage und Aufnahme: Hauptstaatsarchiv Stuttgart

Das kleine Siegel mit einem Durchmesser von 24 mm weist einen breiten Schriftkreis mit der Legende »+S(igillum).AL(berti).COMITIS.DE.HOH(en)-B(er)C:« auf. Der innere Bildbereich, in dem ein kleiner Wappenschild dargestellt ist, ist durch eine doppelte Linie abgegrenzt. Der bildlichen Darstellung nach könnte es sich um ein Sekretsiegel handeln; die Siegelumschrift spricht aber eindeutig von einem normalen Siegel. Albrecht hat neben dem großen, feierlichen Reitersiegel ein kleines für weniger bedeutende Geschäfte geführt. Da diese Unterlagen zumeist nicht aufgehoben wurden, ist dieser Typus nur selten überliefert worden. In diesem Falle geschah es nur, weil sein Bruder, Graf Burkhard von Hohenberg-Nagold, den Verkaufsvertrag eines Ritters damit besiegelte.

Am Rande sei darauf verwiesen, daß dieser Siegeltyp der Stadt Rottenburg als Vorbild für ihr Stadtsiegel diente.[27] Die Stadt übernahm nicht das prächtige Reitersiegel des Stadtherrn, wie es andere Städte taten, sondern das schlichte Wappensiegel.

Aus dem Jahr 1267 liegt der Abdruck eines Reitersiegels von einem weiteren Siegelstempel des Grafen Albrechts II. vor.[28] Das Bild des Reiters hat sich von dem väterlichen Vorbild gelöst und nähert sich einem im süddeutschen Raum üblichen Typus an. Das nach links gehende Pferd ist mit einer an den Vorder- und Hinterbeinen lange herunterhängenden Pferdedecke bedeckt, auf der jedoch keine Wappenschilde angebracht sind. Dies ist an anderen Siegelabdrucken überprüft worden. Da der Oberkörper in Seitenansicht dargestellt ist, ist der Helm des Reiters im Profil zu sehen. Die Helmzier, die besteckten Büffelhörner,

---

Nr. 58; HStA Stuttgart, A 494, Urk. 122. Die Siegelankündigung nennt den Bruder, Graf Burkhard, der angibt, mit seinem eigenen Siegel zu siegeln.

[27] HStA Stuttgart, A 474, Urk. 920 zu 1282; Abb. in: Rottenburg und die österreichische Grafschaft Hohenberg 1381–1981. Ausstellung, bearb. von Bernhard Theil, 1981, S. 51, Nr. 49, Abb. S. 53.

[28] WUB, Bd. 6, S. 286, Nr. 1894; HStA Stuttgart, B 462, Urk. 756.

sind dennoch wie auf dem vorhergehenden Typar I angebracht, was in der Realität nicht möglich wäre. Entsprechend der nach vorne ausgerichteten Haltung des Oberkörpers verdeckt der Schild nun die Schulter und den Oberkörper, die Lanze ist zwischen Helm und Pferdekopf nur als kurzer Schaft zu sehen. Da hinter dem Oberkörper des Reiters ein großer freier Raum entstanden ist, hat der Goldschmied an das Schriftband anschließend mit einer mit Punkten verzierten Linie einen Streifen nach innen abgegrenzt, der mit jeweils zu einem Dreieck zusammengefügten Punkten belegt ist. Durch diese Art von Damaszierung wird der innere Bildkreis kleiner und erscheint gestaltet. Die Legendenschrift ist einer strengen Kapitalis angenähert, die mit unzialen Buchstaben gemischt ist.

6. Reitersiegel Graf Albrechts II., Typar II
Abdruck aus dem Jahr 1267
Vorlage und Aufnahme: Hauptstaatsarchiv Stuttgart

Graf Albrecht II. behielt diesen Siegelstempel bei, auch als sich Anfang des Jahres 1271 die beiden Brüder Burkhard und Ulrich eigene Siegeltypare hatten schneiden lassen, die sich im Bild jeweils nur wenig unterscheiden.[29] Ab etwa 1270 hatten die drei Brüder die Regierung gemeinsam wahrgenommen, dafür benötigten die jüngeren Brüder ein Siegel.

Es dauerte nur wenige Jahre, bis sich Graf Albrecht II. von Hohenberg einen neuen Siegelstempel anfertigen ließ, der zu den künstlerischen Spitzenstücken der Zeit zählt, der aber auch ikonographische Besonderheiten aufweist.[30]

---

[29] Vgl. Rudolf von Habsburg für Kloster St. Märgen, 1271 Februar 27, mit den gut erhaltenen Siegeln der Brüder Albrecht, Burkhard und Ulrich von Hohenberg. Schmid, Monumenta Hohenbergica (wie Anm. 3), S. 37, Nr. 60; GLA Karlsruhe, 21/7297, 7298.

7. Reitersiegel Graf Albrechts II., Typar III
Abdruck von 1280 Juni 1
Vorlage und Aufnahme: Hauptstaatsarchiv Stuttgart

Der auf einem nach links gehenden Pferd leicht nach vorne geneigt sitzende Graf blickt zum Beschauer, so daß die übergroße Helmzier der besteckten Büffelhörner noch stärker als auf den vorhergehenden Siegeln das Bild beherrscht. Der Graf schwingt das gezogene Schwert mit dem weit nach hinten ausholenden rechten Arm, der Oberkörper ist durch den Wappenschild verdeckt. Waren bei den früheren Siegelbildern die Beine gestreckt, so sind sie hier im Knie angewinkelt, was eine elegante Sitzhaltung ergibt, die in Kontrast zu den nach hinten wehenden Zipfeln der Pferdedecke steht. Die in kunstvollen Falten auslaufende Pferdedecke ist auf dem Hals und der Hinterhand des Pferds mit je einem Wappenschild geschmückt. Da die Vorder- und Hinterhufe, der Schwanz und die Helmzier in das Schriftband hineinreichen, ergibt sich eine kunstvolle Verzahnung von Bild und Schriftzeile. Das Bild ist bis in die kleinsten Details hinein gestaltet, und die bei anderen Reitersiegeln auftretenden leeren Flächen sind ausgefüllt.

Das angewinkelte Knie ist neben der charakteristischen Faltenbildung der Pferdedecke ein stilistisches Kriterium, das eine Zuordnung des Siegelstempels

---

[30] HStA Stuttgart, A 474, Urk. 510 zu 1280 Juni 1 für Kloster Bebenhausen.

zu einer Werkstatt in Konstanz oder im Bodenseeraum ermöglicht, in der auch Siegelstempel für andere Familien geschnitten worden sind. Hier wurden Typare für die Grafen von Werdenberg, die Pfalzgrafen von Tübingen und wohl auch ein im Auftrag des Prämonstratenserstifts Marchtal bzw. des Bischofs von Konstanz auf Pfalzgraf Hugo von Tübingen nachgeschnittenes Siegel angefertigt.[31] Die stilistischen Übereinstimmungen wie auch die Gemeinsamkeiten in der Darstellung der Buchstaben der Umschrift sind unübersehbar.

Albrecht II. hatte im Typar III die für die Familie traditionelle Lanze durch ein gezogenes Schwert ersetzt. Was bedeutet diese Änderung? Oben wurde schon angedeutet, daß es seit dem 12. Jahrhundert bei den Reitersiegeln zwei Grundformen gibt, den Reiter mit der Fahnenlanze oder mit dem Schwert. Das erste Symbol war dem Reichsfürstenstand, das andere den Grafen vorbehalten, die aus diesen Familien abstammten oder in besonderer Nähe zum Reich standen. Für den Wechsel des Herrschaftszeichens durch Albrecht II. läßt sich ein konkreter Anlaß ermitteln. Sein Schwager, König Rudolf, setzte ihn Ende 1274 als Reichslandvogt, als »iudex provincialis«, in den Landvogteien Niederschwaben und Augsburg bzw. später in der Landvogtei Wimpfen ein. Albrecht wurde damit zu einem der wichtigsten Beauftragten des Königs in Schwaben und dessen Stütze. Es war nicht allein die Königsnähe, sondern vor allem das Reichsamt eines Landvogts, das den Wechsel von der Lanze zum Schwert bedingte. Auch wenn bisher keine vollständige Belegreihe des Reitersiegels vorliegt, muß davon ausgegangen werden, daß der Siegelstempel 1274 oder kurz danach angefertigt worden ist. Dies kann mit um so größerer Sicherheit gesagt werden, als auch Graf Hugo I. von Werdenberg-Heiligenberg sich 1274 ein Reitersiegel schneiden ließ, nachdem er königlicher Landrichter und dann Landvogt in Oberschwaben geworden war.[32] Vorher hatte er ein Wappensiegel geführt.

Einen weiteren Siegelstempel ließ sich Albrecht II. Mitte der 90er Jahre schneiden.[33] Der Reiter ist wiederum mit dem geschwungenen Schwert auf einem nach links gehenden Pferd dargestellt. Die vorderen Pferdebeine sind scharf abgeknickt, was der Sprungbewegung sehr viel Dynamik verleiht. Das Bein des Reiters ist wiederum mäßig angewinkelt. Auf der vorn und hinten gleich lang herunterhängenden Pferdedecke sind vier unterschiedlich große Hohenberger Wappenschilde angebracht. Einen wesentlichen Unterschied gegenüber dem Typar III stellt die Helmzier dar, die als bestecktes Schirmbrett dargestellt ist. Die Darstellung wirkt noch leichter und eleganter als das Siegelbild von 1280.

---

[31] Abb. der Siegel von Graf Hugo von Werdenberg, 1278 Mai 25, Graf Rudolf von Tübingen der Scheerer, 1260 Mai 13, Pfalzgraf Hugo II. von Tübingen, 1180, bei Wilfried Schöntag, Ein in Konstanz Ende des 13. Jahrhunderts gefälschtes Reitersiegel Pfalzgraf Hugos II. von Tübingen († 1182), in: Aus südwestdeutscher Geschichte. Festschrift für Hans-Martin Maurer, 1994, S. 168–178, hier S. 170–172.

[32] Ebd., S. 117 f.

[33] HStA Stuttgart, B 203, Urk. 1482.

8. Reitersiegel Graf Albrechts II., Typar IV
Abdruck von 1296 November 29
Vorlage und Aufnahme: Hauptstaatsarchiv Stuttgart

Insgesamt konnten fünf verschiedene Siegelstempel ermittelt werden, die bis auf das kleine Wappensiegel nacheinander in Gebrauch waren. Stilistisch stellen sie eine beträchtliche Entwicklung und Steigerung dar. Albrecht löste sich erst nach und nach von der in der Familie üblichen Gestaltung der Siegel mit dem charakteristischen Zeichen der Lanze. Der Wechsel von der Lanze zum geschwungenen Schwert stellt den größten Einschnitt dar. Er fällt in die Zeit, als ihm die Landvogtei in Niederschwaben übertragen worden war. Seine neue reichsrechtliche Stellung hatte ihn bewogen, von der Haustradition der Reitersiegel mit der Lanze zu dem schwertschwingenden Reiter überzugehen, da dies die rechtlich eindeutige Darstellung für Grafen in seiner Position war. Die stilistische Fortentwicklung der Siegelbilder zeigt die Lösung Albrechts II. aus der regionalen Gebundenheit. Der kunstvolle Siegelschnitt in den 80er und 90er Jahren deutet darauf, daß im Bodenseeraum leistungsfähige Goldschmiedewerkstätten für den benachbarten Adel arbeiteten. Hier müssen weitere Untersuchungen vorgenommen werden, um die Werkstattverhältnisse zu klären und die weltlichen Auftraggeber zu erfassen.

Nicht nur der formvollendete Siegelschnitt zeigt das verfeinerte Stilempfinden Albrechts II. Er hatte die wehrhaften Burgen in Haigerloch und Rottenburg zu

Hofburgen ausgebaut,[34] vor deren Toren sich Städte entwickelten. Da ihn die Dichter vor allem nach Haigerloch benennen, müssen wir davon ausgehen, daß er sich dort die meiste Zeit aufhielt. Die enge Bindung an das Kloster Kirchberg wird hieraus verständlich.

Auf seine Zeitgenossen hat Graf Albrecht II. von Hohenberg einen großen Eindruck gemacht. In mehreren Liedern wird er besungen und lobend genannt.[35] Als Schwager des Königs, als Landvogt, als Diplomat, und nicht zuletzt als Minnesänger war er tätig. Die meisten Literaturgeschichten erwähnen ihn heute als Minnesänger nicht mehr, sind doch von ihm nur zwei Liedstrophen, die der Spruchdichtung nahestehen, durch die Heidelberger Liederhandschrift, die sogenannte Manessische Liederhandschrift, verbunden mit der Schlachtszene von 1298, erhalten. Er gehörte nicht zu den großen Dichtern der Zeit. Das Bild der Manesse-Handschrift hat jedoch die Phantasie der späteren Generationen stark beschäftigt.

7. Graf Ulrich von Hohenberg

Der jüngste Sohn des Grafen Burkhards III., Graf Ulrich von Hohenberg, wird zwischen 1269 und 1277 immer zusammen mit seinen Brüdern genannt. Er ist vor 1281 verstorben.[36]

9. Reitersiegel Graf Ulrichs von Hohenberg
Abdruck von 1271 Februar 27
Vorlage und Aufnahme: Generallandesarchiv Karlsruhe

---

[34] Maurer, Burgen (wie Anm. 8), S. 116f.
[35] Volker Mertens, Albrecht von Haigerloch, in: Die deutsche Literatur des Mittelalters, Verfasserlexikon, hrsg. von Wolfgang Stammler u. a., Bd. 1, 1978, Sp. 186–187.
[36] Schmid, Grafen von Zollern-Hohenberg (wie Anm. 1), S. 151.

Aus dem Jahr 1271 ist ein Reitersiegel erhalten, das im Bild weitgehend mit dem seines Bruders Burkhard übereinstimmt.[37] Zur Unterscheidung vom Siegelbild der beiden Brüder sind in Ulrichs Bild unter dem Pferd drei stehende dreiblättrige Kleeblätter angebracht.

8. Graf Burkhard IV. von Hohenberg

Graf Burkhard IV. von Hohenberg (1260 – 24. Juli 1318), der Stifter der Nagolder und Wildberger Linien, führte ebenfalls ein Reitersiegel. Bei seinen ersten erhaltenen Beurkundungen benutzte er jedoch kein eigenes Siegel, sondern griff auf den Siegelstempel seines Großvaters Burkhards II. (Abdruck von 1270 Juni 22) und auf das Wappensiegel seines Bruders Albrecht (1270 Oktober 19) zurück. Er ist erstmals 1260 urkundlich genannt, ein eigener Siegelstempel liegt jedoch erst aus dem Jahr 1271 vor.

Ob man den ersten Abdruck eines Reitersiegels als eigenen bezeichnen kann, ist eine Frage der Definition. Burkhard IV. verwendete den Siegelstempel seines Großvaters, so daß er weder Bild noch Legende verändern mußte.

10. Reitersiegel Graf Burkhards IV. von Hohenberg:
Rückgriff auf den Siegelstempel des Großvaters
Abdruck von 1270 Juni 22
Vorlage und Aufnahme: Hauptstaatsarchiv Stuttgart

---

[37] GLA Karlsruhe, 21/7297, 7298 zu 1271 Februar 27.

Auch wenn der Abdruck des Reitersiegels heute nicht mehr gut erhalten ist,[38] so kann doch die Bildgleichheit mit dem Siegel des Großvaters anhand einer von Martin Gerbert 1785 publizierten Abbildung kontrolliert werden.[39] Burkhard IV. hat kein Siegel nachschneiden lassen, sondern den alten Siegelstempel wieder verwendet. Auch dies ist eine Art der Traditionspflege. Sie zeigt, daß sich die Rechtsstellung und das Selbstverständnis zwischen etwa 1220 und 1270 nicht verändert hatten. In der zugehörigen Urkunde[40] werden Albrecht II. und sein Bruder Burkhard IV., Grafen von Hohenberg, als Siegler genannt.

11. Reitersiegel Graf Burkhards IV.
Abdruck von 1294 Juni 5
Vorlage und Aufnahme: Hauptstaatsarchiv Stuttgart

Als Burkhard IV. im Oktober 1270 einen Güterverkauf unter dem Namen eines Grafen von Nagold genehmigte,[41] kündigte er sein eigenes Siegel wiederum als Graf von Nagold an; an der Urkunde ist jedoch das Siegel seines Bruders Albrecht befestigt, das runde kleine Wappensiegel. Die beiden Besiegelungen Burkhards lassen darauf schließen, daß er in diesen Monaten noch kein eigenes Siegel besaß, daß er sich jeweils behelfen mußte. Wenige Monate später verfügte er dann über ein eigenes Reitersiegel, das erstmals durch einen Abdruck vom 27. Februar 1271 nachgewiesen ist.[42] Damals hatten sich die Brüder Burkhard und

---

[38] HStA Stuttgart, B 43, Nr. 26, 6. Siegel, von 1270 Juni 22.
[39] Martin Gerbert, Crypta San-Blasiana nova principum Austriacorum translatis eorum cadaveribus [...] anno 1770, 1785, S. 10, Siegelabbildungen Tafel III, Nr. II.
[40] WUB, Bd. 7, S. 103, Nr. 2159.
[41] Ebd., S. 115, Nr. 2174; Monumenta Hohenbergica (wie Anm. 3), S. 35, Nr. 58; Urkunde unter A 494, Nr. 122, im HStA Stuttgart.
[42] GLA Karlsruhe, 21/7298; vgl. den besseren Abdruck von 1294: HStA Stuttgart, A 494, Urk. 109.

Ulrich neue Siegelstempel anfertigen lassen, die sich nur wenig unterscheiden, so z. B. in der Schildhaltung. Da die Siegel der Brüder gleich groß sind, ist daraus zu schließen, daß sie eine gleichberechtigte Stellung einnahmen.

Graf Burkhard IV. von Hohenberg hat das 1271 gewählte Bild mit der Lanze bis zum Jahr 1308 beibehalten, auch als Helmzier die besteckten Büffelhörner. Der Siegelstempel weist eine außergewöhnliche Profilhöhe auf.

Burkhard IV., der die Herrschaft Nagold und Wildberg begründete, blieb bei dem traditionellen Bild des Reitersiegels mit der Lanze, während die Rottenburger Linie unter seinem Bruder Albrecht II. zu dem Reiter mit dem geschwungenen Schwert übergegangen war. Dessen Sohn, Graf Albrecht III. († 1304), behielt diese Tradition bei. Ein Abdruck eines Reitersiegels (Reiter mit Schwert) mit einer Helmzier in Form eines mit Stäbchen fächerförmig besteckten Schirmbretts und vier Wappen auf der Pferdedecke ist aus dem Jahr 1299 erhalten.[43] Von ihm ist auch ein kleines Sekretsiegel überliefert, ein Wappensiegel mit der Legende »S(igillum) secretum meum«.[44] Sein Bruder Rudolf I. von Hohenberg (1302–1336) führte diese Tradition fort. Er besaß ein Reitersiegel, auf dem der Reiter das Schwert schwingt und das Pferd mit einer lang nach unten hängenden zweigeteilten Pferdedecke geschützt ist. Die Helmzier besteht wiederum aus dem besteckten Schirmbrett.

An einer Urkunde aus dem Jahr 1308 hängt das altertümliche Siegel seines Onkels, des Grafen Burkhards IV. von Hohenberg-Nagold-Wildberg, neben dem eleganten, zeitgemäßen und auch wesentlich größeren Reitersiegel seines Neffen Rudolfs I.[45] Die unterschiedlich gestalteten Bilder sind nicht allein äußere Zeichen der Repräsentation. Die Darstellungen arbeiten bewußt mit den Symbolen, die das Ranggefüge innerhalb ihrer adeligen Umwelt und die verfassungsrechtlichen Unterschiede bezeichneten. Da ist zunächst der Reiter. Mehrfach wurde darauf verwiesen, daß es nicht selbstverständlich war, daß ein Graf den Reiter im Siegelbild führen durfte. Viele gräfliche Familien aus dem süddeutschen Raum besaßen ein Wappensiegel. Zahlreiche Grafen bemühten sich, ihr Wappensiegel gegen ein Reitersiegel vertauschen zu können. Erinnert sei nur an das Reitersiegel mit Schwert der Herren von Hohenlohe, das sie so lange führten, wie sie von Kaiser Friedrich II. mit der Grafschaft Romaniola und Molise in Italien belehnt waren.[46] Vorher und nachher siegelten sie mit ihrem Wappensiegel. Auch Graf Eberhard I. der Erlauchte von Württemberg ließ sich kurz nach seinem Regierungsantritt ein Reitersiegel anfertigen,[47] das er neben dem Wappensiegel ver-

---

[43] WUB, Bd. 11, S. 311, Nr. 5338 zu 1299 August 23; Durchmesser· 74 mm.

[44] Ebd., S. 244, Nr. 5278; Durchmesser: 38 mm.

[45] HStA Stuttgart, A 602, Nr. 8052; Abb. bei Theil, Katalog Hohenberg (wie Anm 27), S. 37.

[46] Schöntag, Reitersiegel als Rechtssymbol (wie Anm. 9), S. 105 f.

[47] WUB, Bd. 8, S. 183, Nr. 2904 zu 1279 (nach September 23) für Bebenhausen; Abb.: Alberti, Adels- und Wappenbuch (wie Anm. 18), Bd. 1, Tafel II, Nr. 7.

wendete. Graf Albert I. von Löwenstein-Habsburg trat in das Erbe der Grafen von Calw-Löwenstein ein. Er übernahm zwar den Löwen in sein Wappen, nicht aber deren Wappensiegel. Als Sohn aus königlicher Familie führte er das Bild des Reiters mit dem geschwungenen Schwert im Siegel. Das Reitersiegel war für die zur Landesherrschaft strebenden Grafen erstrebenswert, drückte es doch fürstenähnlichen Rang aus. In der unterschiedlichen Verwendung der Bildsymbole Lanze oder Schwert schlugen sich weiterhin verfassungsrechtliche Gesichtspunkte nieder, die die Stellung der Grafen innerhalb des Reichsgefüges betrafen. Bei der Helmzier dagegen handelt es sich um Zeichen, die familienbezogen waren und die wechseln konnten. In der Differenzierung der Siegelbilder von Albrecht II. und seinem Bruder Burkhard IV. zeigt sich daher einmal die unterschiedliche rechtliche Position, dann aber auch das Selbstverständnis der Vertreter der beiden Hohenberger Grafenlinien.

Diese von den beiden Brüdern vorgenommene unterschiedliche Darstellung wurde von Graf Burkhard V. von Hohenberg-Wildberg wieder aufgehoben. Er ließ sich ein Reitersiegel mit Schwert anfertigen.[48] Daneben benutzte er ein Wappensiegel.[49] Betonte Burkhard im Bild das ritterlich-kriegerische Moment, so ließ sich sein Vetter Rudolf I. von Hohenberg ein Siegelbild schneiden, das ihn auf einem Pferd darstellt, dessen hintere Pferdedecke weit nach oben gewirbelt ist.[50] Auch er hatte nun als Helmzier das Hifthorn angenommen. Mit diesem künstlerischen Höhepunkt in der Bildgestaltung brechen die Reitersiegel bei den Grafen von Hohenberg in beiden Linien ab. Die Grafen lassen sich nur noch Wappensiegel anfertigen, die einen Helm mit den Hifthörnern oder den Hohenberger Wappenschild zeigen.

Graf Rudolf I. von Hohenberg hatte Rottenburg zur frühneuzeitlichen Residenz ausgebaut. Er löste sich endgültig von den Burgen und machte Rottenburg zum Regierungs- und Verwaltungszentrum der Grafschaft. Mit dieser Schwerpunktverlagerung war wiederum der Ausbau einer neuen Grablege für die Familie verbunden. Er ließ das Stift St. Moriz in Ehingen zwischen 1320 und 1330 umbauen.

Seine 1329 verstorbene Frau Irmgard, eine Gräfin von Württemberg, wurde dort beerdigt und für sie eine Tumba geschaffen, ein sehr schönes Figurengrabdenkmal. Auch nach Rudolfs Tode 1336 wurde in der Stiftskirche eine Tumba errichtet, die ihn als Ritter darstellt, dessen Kopf auf dem querliegenden Helm mit Helmzier gebettet ist. Der Wappenschild auf der Tumba seiner Frau ist nicht

---

[48] Zu 1343 Februar 1: MonZoll, Bd. 1, S. 158, Nr. 297, Abb. S. 159; die Helmzier bestand jetzt aus den Hifthörnern, d. h. Jagdhörnern.

[49] Zu 1328 März 17: HStA Stuttgart, A 602, Nr. 9078.

[50] Zu 1334 Juni 27: HStA Stuttgart, B 19, Urk. 14; Monumenta Hohenbergica (wie Anm. 3), S. 312, Nr. 359, Abb. auf dem Titelblatt.

ausgeführt, bei ihm ist der Wappenschild schlicht dargestellt. Um so aufwendiger hat der Bildhauer dagegen Helm und Helmzier mit den zwei Hift- oder Jagdhörnern gestaltet. Können sich die Reitersiegel der Hohenberger aus diesen Jahren mit denen der Grafen von Württemberg stilistisch messen, so zeigen die Grabdenkmäler eine grundverschiedene Auffassung von Adel und Herrschaft. Graf Ulrich I. von Württemberg wurde Ende des 13. Jahrhunderts als Fürst des Reichs und als Landesherr in prächtiger, höfischer Kleidung dargestellt. Rudolf von Hohenberg wurde dagegen als Ritter, als ein Vertreter des Ritterideals, das den niederen und hohen Adel überwölbte, in Stein modelliert. Die Grafen von Hohenberg waren um 1330 das wohl mächtigste schwäbische Geschlecht östlich des Schwarzwalds,[51] die Selbstdarstellung entsprach jedoch aus heutiger Sicht dieser Stellung nicht.

9. Zusammenfassung

Die Siegel und ihr Bildprogramm geben uns einen Einblick in die Vorstellungswelt und in die verfassungsrechtliche Stellung der Grafen von Hohenberg. In der zweiten Hälfte des 12. Jahrhunderts standen die Grafen von Zollern auf dem Höhepunkt ihrer Macht, bis ihre Herrschaft von Kaiser Friedrich Barbarossa neu strukturiert wurde. Der Ort, mit dem seit alters her die Grafenrechte in diesem Raum verbunden waren, die Burg Hohenberg, gab der umbenannten Linie den Namen. Auch nach der Verlagerung des Schwerpunkts der Herrschaft der Grafen von Hohenberg nach Haigerloch und dann nach Rottenburg wurde in der Siegelumschrift der Name »Hohenberg« beibehalten, da diese Burg der rechtliche Mittelpunkt blieb.

Ende des 12. und Anfang des 13. Jahrhunderts schlug sich in der Siegelgestaltung das Ausscheiden der Grafen aus dem Reichsfürstenstand nieder, der sich gegenüber den Grafen abgeschlossen hatte. Ausdruck hierfür ist der Wechsel von der Fahnenlanze zur einfachen Lanze im Siegelbild, der Wegfall des »dei gratia« und schließlich der Übergang zur kollektiven Formulierung der Siegelumschrift. Im Bildprogramm wurde der Reiter beibehalten, Ausdruck für den Anspruch der Grafen von Hohenberg, zu den führenden Familien im Reich zu gehören. Da sie die Fahnenlanze nicht verwenden durften, wählten sie die Lanze, die Waffe des ritterlichen Turniers. Dies ist als eine individuelle Entscheidung Graf Burkhards II. von Hohenberg anzusehen, die zur Familientradition wurde.

Nachdem die Grafen von Hohenberg etwa fünfzig Jahre lang den Reiter mit der Lanze in ihrem Siegel dargestellt hatten, veränderte Graf Albrecht II. von Hohenberg sein Siegelbild. Nachdem ihn sein Schwager Rudolf von Habsburg

---

[51] Jänichen, Grafen von Hohenberg (wie Anm. 1), hier S. 478; vgl. dens., Herrschafts- und Territorialverhältnisse (wie Anm. 1).

zum Landvogt eingesetzt hatte, ersetzte er die Lanze durch das Schwert. Er glich das seine Herrschaft verkörpernde und repräsentierende Rechtssymbol im Siegelbild seiner neuen Stellung an. Anspruch und Wirklichkeit klafften jedoch auseinander. Politisch und militärisch konnte sich Albrecht gegenüber seinem Hauptrivalen, dem Grafen von Württemberg, nicht durchsetzen. Im Gegenteil, er scheiterte. Die Grabplatte für seine Frau aus dem Jahr 1296 zeigt die Selbsteinschätzung Albrechts II., aber auch die seiner Söhne, die ihn in Kirchberg begruben. Eine schlichte mit Wappen geschmückte Platte wurde in Auftrag gegeben. Wenn wir damit die in diesen Jahren für Graf Ulrich I. von Württemberg und seine Frau geschaffene Tumba vergleichen, wird der Unterschied in der durch politische Stellung und Machtmittel definierten Rangfolge sofort deutlich. Der Hohenberger war ein Adliger von hohem Rang mit standesgemäßem Reitersiegel. Als ritterlichen Menschen stellen ihn die Dichter der Zeit dar. Er war Politiker und tatkräftiger Herrscher und Verwalter, aber auch den Künsten zugetan. Albrecht II. setzte sich in ritterlicher Geisteshaltung mit der offenen und der heimlichen Minne in seinen Liedstrophen auseinander.

Die Grafen der Hohenberger und der Nagold-Wildberger Linie setzten diese Tradition fort. Das letzte Reitersiegel ist von Graf Burkhard V. von Hohenberg-Wildberg aus dem Jahr 1343 überliefert,[52] danach liegen nur noch Wappensiegel vor. Auf dem Höhepunkt der weltlichen Macht der Grafen von Hohenberg gab Graf Rudolf I. von Hohenberg für die Stiftskirche in Rottenburg-Ehingen Grabmäler in Auftrag, die wiederum aus der ritterlichen Idee heraus konzipiert worden sind.

---

[52] Eberhard Gönner, Reitersiegel in Südwestdeutschland, in: Aus südwestdeutscher Geschichte. Festschrift für Hans-Martin Maurer, 1994, S. 164.

CASIMIR BUMILLER

Die Hohenberger in der Tradition der Grafen von Haigerloch-Wiesneck

Auf dem bekannten Bild der Manessischen Handschrift ist der von den adligen Damen so gestenreich beweinte Protagonist dieses Tagungsbandes, Albrecht II. von Hohenberg, unter dem Minnesängernamen »Graf Albrecht von Heigerlŏ« der Nachwelt überliefert (Tafel 2, vor S. 11). Auch wenn sich in diesem Namen nur die Vorliebe des Grafen für einen bestimmten Wohnsitz, vielleicht seinen bevorzugten Aufenthaltsort als Dichter, widerspiegeln sollte, so ist diese Zubenennung dennoch beziehungsreich, denn die Grafen von Hohenberg standen in der Tat auf vielfältige Weise in der Tradition der älteren Grafen von Haigerloch. Ich möchte einige dieser Traditionslinien von den Haigerlocher Grafen zu den Hohenbergern im folgenden nachzeichnen: in der Übernahme von Grundbesitz und Herrschaftsrechten ebenso wie in der Ausbildung einer das Haigerlocher Erbe umfassenden Geschlechteridentität.

1. Die Grafen von Hohenberg und das Haigerlocher Erbe

Erst in jüngerer Zeit ist es Wilfried Schöntag gelungen, die Herauslösung des Hauses Hohenberg aus dem älteren Zollernstamm mit einem konkreten politischen Hintergrund in Verbindung zu bringen, mit dem Konflikt zwischen Kaiser Friedrich I. Barbarossa und Herzog Heinrich dem Löwen.[1] Im Jahr 1179 werden nicht näher identifizierte Zollergrafen als Parteigänger Heinrichs des Löwen gegen den Stauferkaiser genannt. Schöntag konnte wahrscheinlich machen, dass es sich dabei um die Grafen Berthold (1160/1194) und Friedrich von Zollern (1171?/† 1200) von der jüngeren Linie handelte, während deren Vettern von der älteren Linie, die Grafen Burkard (1170/1193) und Friedrich von Zollern (1171?/1195), offensichtlich zum Staufer hielten. Sie wurden nach Schöntag vom Kaiser für ihre Treue auf bestimmte Weise belohnt. Kaum von ungefähr treten die beiden Brüder ausgerechnet seit dem Jahr 1179 als Grafen »von

---

[1] Wilfried Schöntag, Die Herrschaftsbildungen der Grafen von Zollern vom 12. bis zur Mitte des 16. Jahrhunderts, in: ZHG 32 (1996), S. 167–229, bes. S. 193.

Hohenberg« auf, auch wenn sie noch bis an ihr Lebensende ausgangs des 12. Jahrhunderts gelegentlich als Grafen »von Zollern« firmierten.

Es kann mit Schöntag vermutet werden, dass aufgrund eines Eingriffs Kaiser Barbarossas die Brüder Burkard und Friedrich von Zollern-Hohenberg aus dem Gesamtkomplex der zollerischen Besitzungen die zur Burg Hohenberg bei Schörzingen (Stadt Schömberg) gehörige Herrschaft – also wohl Teile dessen, was später die sogenannte Obere Grafschaft Hohenberg ausmachte – herausbrachen und hieraus in Verknüpfung mit anderweitig erworbenen Besitzungen den neuen Herrschaftskomplex »Hohenberg« formten. Zu den weiteren Bestandteilen ihrer neu geschaffenen Herrschaft zählte auch Haigerloch mit seiner Umgebung.[2] Seit langem ist bekannt, dass die Grafen von Hohenberg vermutlich im 3. Viertel des 12. Jahrhunderts das Erbe der Grafen von Haigerloch angetreten haben. Es ist aber aufgrund der spärlichen Nachrichten sowohl zu den Haigerlochern wie zu den frühen Hohenbergern bislang nicht gelungen, zu rekonstruieren, auf welchem Weg die Grafen von Zollern-Hohenberg in den Besitz dieser Herrschaft gelangten.

Der im Jahr 1162 letztmals genannte Graf Wezel II. von Haigerloch ist nicht lange danach wahrscheinlich ohne männlichen Erben gestorben. Zwar wird zu 1141/1143 noch ein Sohn Adelbert erwähnt, dieser trat aber später nicht mehr in Erscheinung.[3] Es scheint deshalb möglich, dass das Grafengeschlecht mit Wezel II. bald nach 1162 im Mannesstamm ausgestorben ist und das Haigerlocher Erbe über eine – quellenmäßig vorläufig nicht nachzuweisende – Tochter Wezels, die mit einem Zollergrafen verheiratet war, auf diesen überging. Diese Idee einer Erbfolge über die weibliche Linie bleibt zwar Hypothese, doch andere Erklärungsmöglichkeiten bieten sich nicht gleichermaßen zwingend an. Wenn wir von der Ehe eines Zollergrafen mit einer erschlossenen Tochter Wezels von Haigerloch ausgehen, so kommt als ihr Ehemann eher Burkard von Zollern als dessen Bruder Friedrich in Frage. Denn Burkard hatte zwei Söhne, von denen der ältere Burkard, der jüngere aber Adelbert hieß. Diesen Namen Adelbert, der bei den Zollern seit drei Generationen nicht mehr gebraucht wurde, trug der jüngere Sohn Graf Burkards möglicherweise zu Ehren seines mutmaßlichen Mutterbruders, Adelbert von Haigerloch. Im übrigen hatte der Name Adelbert neben Wezel die Funktion eines Leitnamens bei den Grafen von Haigerloch gehabt.

Damit zeichnet sich ab, dass die Grafen von Zollern-Hohenberg der älteren Linie nach dem Aussterben der Grafen von Haigerloch nicht nur deren Erbe in besitzrechtlicher Hinsicht antraten, sondern mit Adelbert/Albrecht auch eine

---

[2] Ebd., S. 174 ff.
[3] Reichenbacher Schenkungsbuch, bearb. von Stephan Molitor, Stuttgart 1997, S. 221 f. Vgl. Theodor Schön, Geschichte der Familie von Ow, München 1910, S. 83.

Namenstradition übernahmen und somit ihre eigene Zukunft mit der Geschichte der Haigerlocher Grafen verbanden. Wenn im 13. Jahrhundert Albrecht zu einem der Hauptnamen der Hohenberger wurde, so ist dies bereits als Teil des Haigerlocher Erbes zu verstehen.

Aus heutiger Sicht stellt sich die Geschichte der Grafen von Haigerloch aufgrund einer äußerst spärlichen und bruchstückhaften Überlieferung zwar sehr diffus dar, doch gegen Ende des 12. Jahrhunderts schien sich ein neu begründetes Adelshaus unter dem Druck, sich von den (gegenüber dem Kaiser) treulosen zollerischen Vettern distanzieren und unterscheiden zu müssen, mit dem Erbe der Haigerlocher Grafen ebenso gut schmücken zu können wie mit der nicht weniger vagen Tradition der Zollern. Auch das Haus Haigerloch kannte wie die Zollern einen Klostergründer, der überdies zu Beginn des 12. Jahrhunderts Reichskanzler gewesen war, und der Ahnherr des Hauses, Adelbert von Haigerloch († wohl um 1080), wurzelte wohl ebenso wie die ältesten Zollern in einer der vornehmsten schwäbischen Hochadelsdynastien der Jahrtausendwende, im Herzogsgeschlecht der Burkardinger. Überdies führte dieser Ahnherr bereits um die Mitte des 11. Jahrhunderts den Grafentitel, während die Zollern erst zu Beginn des 12. Jahrhunderts diese Würde erlangen sollten.[4]

2. Zur Geschichte der Grafen von Haigerloch-Wiesneck

Seit den Arbeiten von Ludwig Schmid (erste Beschäftigung mit dem Thema bereits 1857) sind die Nachrichten zu den Grafen von Haigerloch Gegenstand wissenschaftlicher Auseinandersetzung gewesen, ohne dass die schmale Quellenbasis zu allgemein akzeptierten Erkenntnissen über ihre Genealogie und Familiengeschichte geführt hätte.[5] So grundlegend Schmids Forschungen waren, so sehr haben sie durch sein Streben, die recht dürftige Zollerngenealogie des hohen Mittelalters mit sonst nicht einzubindenden adligen Personendaten aufzufüttern, eine differenzierende Forschung für beinahe hundert Jahre behindert. Gerade im Fall des ältesten bekannten Grafen Adelbert von Haigerloch läßt sich seine Methode verdeutlichen. Ludwig Schmid und nach ihm Franz Ludwig Baumann und Heinrich Witte haben vor mehr als hundert Jahren die Hypothese aufgestellt, dass ein vor dem Jahr 1080 in der Umgebung Schaffhausens auftretender Graf Adelbert von Haigerloch sowohl mit dem 1096 erwähnten Adelbert von Wiesneck (bei Freiburg) wie auch mit dem Alpirsbacher Klostergründer von 1095, Adelbert von Zollern, identisch sei.[6] Sie hatten damit aus drei verein-

---

4 Zu den Grafenrechten der Zollern siehe Schöntag (wie Anm. 1), S. 183 ff.
5 Ludwig Schmid, Die älteste Geschichte des erlauchten Gesamthauses der Königlichen und Fürstlichen Hohenzollern, Tübingen 1884–1888, bes. S. 47 ff.
6 Heinrich Witte, Die älteren Hohenzollern und ihre Beziehungen zum Elsaß. Festschrift zur Einweihungsfeier des Kaiser-Friedrich-Denkmals bei Wörth, Straßburg 1895, S.

zelten Personendaten eine über eine Generation hinweg »beobachtbare« Persönlichkeit gemacht, der man politische Zugehörigkeit und Charakter zuschreiben konnte, auch wenn dieser recht schillernd geriet. Die drei Autoren standen nämlich durch ihre Konstruktion vor dem Problem, den Grafen von Haigerloch und Wiesneck im Investiturstreit zunächst als kaisertreuen Antigregorianer auftreten zu lassen, um dann seine Alpirsbacher Klostergründung als politische Läuterung am Ende seines Lebens erklären zu müssen.[7]

Erst 1961 hat Hans Jänichen mit guten Gründen den übrigens jeweils ohne Grafentitel auftretenden Adelbert von Zollern wieder von seinen gräflichen Namensvettern abgekoppelt und bei allen Namensparallelitäten für eine säuberliche Trennung der Adelsfamilien Zollern und Haigerloch plädiert.[8] Erst hundert Jahre nach Ludwig Schmid wurde es möglich, das frühe Datenmaterial um die Grafen von Zollern und die Grafen von Haigerloch losgelöst von den Schmidschen Hypothesen methodisch neu zu bearbeiten. Der Verfasser selbst hat kürzlich die spärliche Überlieferung zu den Grafen von Haigerloch und Wiesneck nochmals einer kritischen Prüfung unterzogen und neigt dazu, sogar die Grafen Adelbert von Haigerloch (vor 1080) und Adelbert von Wiesneck (1096) voneinander zu scheiden. Die Geschichte und die Genealogie der Grafen von Haigerloch und Wiesneck stellten sich demnach so dar, wie es die folgende Stammtafel zeigt.[9]

Seit langem ist bekannt, dass zwischen den Haigerlochern und den Grafen von Nellenburg Verwandtschaft oder, wie es Witte nannte, »Stammesgemeinschaft« bestand.[10] Dies ergibt sich aus den Vorgängen um die Gründung und Ausstattung des Klosters Allerheiligen in Schaffhausen. Als Graf Eberhard von Nellenburg im Jahr 1050 das Kloster gründete, erwarb er vielleicht damals bereits oder im Verlauf der folgenden Jahrzehnte von Adelbert von Haigerloch Güter in Schaffhausen und Hallau, mit denen er das Kloster ausstattete. Dieser Graf Adelbert selbst beteiligte sich nicht an dem Klosterprojekt Allerheiligen, sondern ließ sich auszahlen und mit Tauschgütern im Breisgau, u. a. mit Herdern bei Freiburg, abfinden, vermutlich weil er in diesem Raum ohnehin schon begütert war.[11]

23–37. Franz L. Baumann, Die ältesten Urkunden von Allerheiligen in Schaffhausen, Basel 1883, schreibt S. 52 kurz und bündig: »A[delbert] d[e] W[iseneggi] ist der Graf Adelbert von Zollern, der auch von Haigerloch, also von drei verschiedenen Orten genannt wird.«.

[7] Witte (wie Anm. 6), S. 28, erklärt Adelberts von Wiesneck Auftreten in Allerheiligen 1096 als Läuterungsakt, der »ihn veranlaßte, am Ende seiner Tage dem zu huldigen, was er als Mann bekämpft hatte«. Er hat dann allerdings große Mühe, Adelberts (von Zollern) Alpirsbacher Klostergründung, bei der »die nächsten Angehörigen des Grafen Adelbert [...] durch Abwesenheit glänz[t]en«, zu erklären (ebd., S. 30).

[8] Hans Jänichen, Zur Geschichte der ältesten Zollern, in: HJH 21 (1961), S. 10–22.

[9] Casimir Bumiller, Historiographische Probleme um die Grafen von Haigerloch und Wiesneck, in: ZGO 147 (1998), S. 1–34.

[10] Witte (wie Anm. 6), S. 27.

[11] Baumann, Allerheiligen (wie Anm. 6), Nr. 27 und S. 125 f.

Grafen von Haigerloch und frühe Grafen von Hohenberg

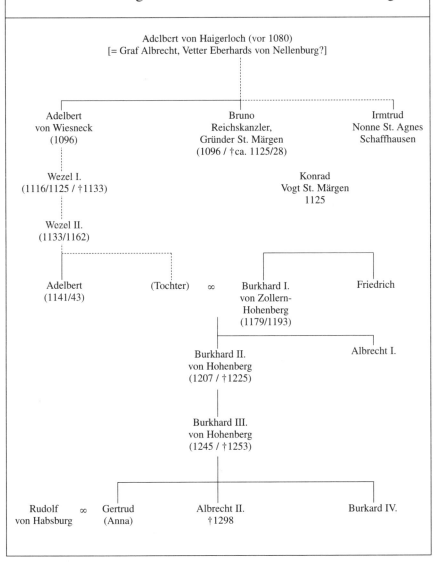

Adelbert von Haigerloch (vor 1080)
[= Graf Albrecht, Vetter Eberhards von Nellenburg?]

Adelbert
von Wiesneck
(1096)

Bruno
Reichskanzler,
Gründer St. Märgen
(1096 / †ca. 1125/28)

Irmtrud
Nonne St. Agnes
Schaffhausen

Wezel I.
(1116/1125 / †1133)

Konrad
Vogt St. Märgen
1125

Wezel II.
(1133/1162)

Adelbert
(1141/43)

(Tochter) ∞ Burkhard I.
von Zollern-
Hohenberg
(1179/1193)

Friedrich

Burkhard II.
von Hohenberg
(1207 / †1225)

Albrecht I.

Burkhard III.
von Hohenberg
(1245 / †1253)

Rudolf ∞ Gertrud
von Habsburg (Anna)

Albrecht II.
†1298

Burkard IV.

Diese Besitzverlagerung Adelberts von Haigerloch vom Hochrhein in den Breisgau, die bis zum Tod Eberhards von Nellenburg 1078 und zur Reform des Klosters Allerheiligen im Jahr 1080 vollzogen gewesen sein muss, begründete seine Gleichsetzung mit jenem Grafen Adelbert von Wiesneck, der 1096 Zeuge einer Schenkung ans Kloster Schaffhausen war, sonst aber quellenmäßig nicht mehr in Erscheinung trat.

Um die Frage der Identität dieser beiden Grafen beantworten zu können, ist es aber unumgänglich, die vermutete Verwandtschaft zwischen Haigerlochern und Nellenburgern genauer zu fassen. Dabei kommt uns vielleicht die im sogenannten Stifterbuch überlieferte Familiengeschichte der Grafen von Nellenburg zu Hilfe. Dort ist nämlich von einem »Grafen Albrecht« die Rede, der ein »Vetter« des Klosterstifters, Graf Eberhards von Nellenburg, gewesen sei und dessen an der Lepra gestorbene Tochter Irmtrud im Ruf der Heiligkeit stand und beim Stifter begraben lag.[12] Dieser Graf Albrecht ist in der Literatur verschieden identifiziert, aber lediglich von Ludwig Schmid und nach ihm von Schön und Hodler auf unseren Grafen Adelbert von Haigerloch bezogen worden.[13] Da sie ihn jedoch mit Adelbert von Zollern in eins setzten, haben sie viel zu weitgehende Schlüsse daraus gezogen. Greifen wir diese Möglichkeit aber einmal ohne diese Gleichsetzung auf und deuten Eberhard von Nellenburg und Graf Albrecht/Adelbert von Haigerloch als Vettern im wörtlichen Sinn, also als Söhne zweier Brüder/Geschwister, so würde sich die Besitznachbarschaft der beiden bei Schaffhausen und Hallau ganz organisch, nämlich als Erbteile eines früher einmal geschlossenen Besitzes ihres bislang unbekannten gemeinsamen Großvaters erklären.[14]

Ein weiteres Rätsel um die Grafen von Haigerloch würde sich damit aufklären, nämlich das alte Problem der »Grafschaft Haigerloch«. Eine »Grafschaft« Haigerloch wurde von F. L. Baumann 1879 ja nur auf dem Wege eines Zirkelschlusses postuliert, nämlich weil es vor 1080 eben diesen Grafen Adelbert von Haigerloch gegeben hat: Wenn es einen Grafen von Haigerloch gab, musste es aus Baumanns Sicht auch eine »Grafschaft Haigerloch« geben.[15] Dabei rührte Adelberts Grafentitel nach der sich jetzt abzeichnenden Vorgeschichte daher, dass er von einer thurgauischen oder hegauischen Grafenfamilie abstammte, die im verwandtschaftlichen Umfeld der Burkardinger wurzelte. Ein Zweig dieser

[12] Heinz Gallmann, Das Stifterbuch des Klosters Allerheiligen zu Schaffhausen. Kritische Neuedition und sprachliche Einordnung, Berlin 1994, S. 87*f.

[13] Schön, Familie von Ow (wie Anm. 3), S. 83; Franz Xaver Hodler, Geschichte des Oberamts Haigerloch, Hechingen 1928, S. 33–41.

[14] Zu den Grafen von Nellenburg siehe Kurt Hils, Die Grafen von Nellenburg im 11. Jahrhundert. Ihre Stellung zum Adel, zum Reich und zur Kirche, Freiburg 1967.

[15] Franz L. Baumann, Die Gaugrafschaften im Wirtembergischen Schwaben, Stuttgart 1879, S. 143f.

Familie nannte sich, seit um die Mitte des 11. Jahrhunderts beim Adel die doppelte Namengebung üblich wurde, 1056 erstmals nach der Nellenburg bei Stockach, ein anderer nach Haigerloch an der Eyach. Der Grafentitel war aber wegen seiner vornehmen Herkunft an die Person Adelberts von Haigerloch gebunden, nicht an die Burg und Herrschaft Haigerloch. Wir müssen uns allmählich mit der Erkenntnis anfreunden, dass es eine Grafschaft Haigerloch nie gegeben hat, ebenso wie es eine »Grafschaft Wiesneck« nicht gab, obwohl dort Grafen residierten.

Wenn wir die Gleichsetzung Adelberts von Haigerloch mit dem Grafen Albrecht aus dem »Stifterbuch« der Nellenburger akzeptieren und die Verwandtschaftsbezeichnung »Vetter« wörtlich nehmen, so stünde Graf Albrecht/Adelbert mit Graf Eberhard von Nellenburg, der um 1010/15 geboren wurde und 1078 starb, auf derselben Generationenstufe. Das heißt, auch Adelbert von Haigerloch dürfte lange vor der Mitte des 11. Jahrhunderts geboren sein und bald nach den im Schaffhauser Güterbuch überlieferten Gütertransaktionen, also nicht lange nach 1080 gestorben sein. Damit wird aber unwahrscheinlich, dass er und Graf Adelbert von Wiesneck eine Person waren. Vielmehr dürften Adelbert von Haigerloch und Adelbert von Wiesneck eher als Vater und Sohn zu betrachten sein. Mit dieser Trennung der beiden Personen findet sich auch ein Ansatz zur Erklärung der unterschiedlichen Zubenennung. Der ältere Graf Adelbert dürfte bis zu seinem vermuteten Tod um 1080 tatsächlich in Haigerloch residiert haben, während sein gleichnamiger Sohn sich aus unbekannten Gründen den kurz zuvor vom Vater erworbenen Besitzungen im Breisgau zuwandte und sich nach einer 1079 erstmals erwähnten Burg Wiesneck im Dreisamtal nannte. Es werden in den verschiedenen »Familien«-Namen dieses Geschlechts also unterschiedliche Stufen der Herrschaftsbildung und des Herrschaftsschwerpunktes sichtbar.

Damit ist allerdings ein weiteres nicht einfach zu klärendes Problem um die Grafen von Haigerloch und Wiesneck angesprochen. Wenn der jüngere Graf Adelbert im Breisgau seinen Wirkungskreis fand und sich 1096 nach einer dortigen Burg nannte, so erhebt sich die Frage, wie stark damals die Bindung des Geschlechts an die Burg Haigerloch war, ja ob die Stammburg im Jahr ihrer Ersterwähnung 1095 überhaupt in der Verfügungsgewalt der Familie stand. Denn bei der Schenkung eines Ritters Wortwin an das Kloster St. Georgen, die am 10. Januar 1095 im »castrum Haigerloch« stattfand, sind zwar eine ganze Reihe von Zeugen genannt, die wir als Haigerlocher Vasallen ansprechen können, aber ein Burgherr wird nicht erwähnt.[16] Stattdessen saß jener Mann, den wir hier als Burgherren erwarten würden, um dieselbe Zeit im Breisgau. Zu den Zeugen dieser Schenkung auf der Burg Haigerloch gehörten übrigens neben Rittern von

---

[16] Notitiae fundationis et traditionis monasterii s. Georgii in Nigra Silva, hrsg. von O. Holder-Egger, 1888 (MGH SS 15,2), S. 1020.

Owingen, Weildorf und Gruol ein Ritter Arnold von Chilchberg (Kirchberg) und seine Söhne Arnold und Eberhard. Dies ist die erste Erwähnung jenes Ortes, der später den Hohenbergern als geeigneter Platz für ihr Hauskloster – und den Veranstaltern der Albrecht-von-Hohenberg-Tagung als angemessener Ort für die Vorträge vom 25. April 1998 erscheinen sollte.

3. Das »Haigerlocher Interregnum« – eine Hypothese

Wie ist aber die Wohnsitzverlagerung und der Wechsel der Grafen von Haigerloch nach dem breisgauischen Wiesneck in der Zeit um 1080 zu verstehen? Ich habe an anderer Stelle bei Darlegung dieses Sachverhalts in etwas provokanter Weise von einem »Haigerlocher Interregnum« gesprochen und die These vertreten, dass die Grafen von Haigerloch, die im Unterschied zu allen sie umgebenden Adelshäusern offenbar nicht der gregorianischen Reformpartei angehörten, sich im Zuge des Investiturstreits und der bürgerkriegsähnlichen Kämpfe seit 1077 nach dem Breisgau orientierten, wo sie über die Burg Wiesneck verfügten und durch den Gütererwerb Adelberts von Haigerloch einen Besitzschwerpunkt hatten.[17] Sie gerieten am Oberrhein allerdings sogleich in ernsthafte Konkurrenz mit den Zähringern, die ebenfalls und aus ähnlichen Gründen – nur unter umgekehrten politischen Vorzeichen – 1079 aus dem mittleren Schwaben in den Breisgau auswichen und sich dort mit Raub, Brand und Usurpation festsetzten.[18]

Die Eroberung der Burg Wiesneck 1079 durch Berthold II. von Zähringen und die Zerstörung der Burg um 1120 vermutlich durch Konrad von Zähringen[19] markieren die Höhepunkte eines mehr als vierzigjährigen Machtkampfes und zugleich die Eckpunkte des »Haigerlocher Interregnums«. Hatten die Haigerlocher um 1079 möglicherweise wegen ihrer prekären strategischen Situation zu Beginn des Investiturstreits die Eyach verlassen, um am Oberrhein ihre Position zu sichern, so haben die mächtigeren Zähringer eine Herrschaftsbildung der Haigerloch-Wiesnecker im Breisgau nachhaltig gestört und sie schließlich genötigt, wieder an ihrem alten Kristallisationspunkt im Eyachtal anzuknüpfen. Der mutmaßliche Sohn Adelberts von Wiesneck, Wezel, der 1118 noch ohne

---

[17] Bumiller (wie Anm. 9), S. 10 ff.

[18] Die Chronik des Gallus Öhem, hrsg. von Karl Brandi, Heidelberg 1893, S. 99; Continuatio Casuum Sancti Galli, hrsg. von Gerold Meyer von Knonau, in: Mitteilungen zur vaterländischen Geschichte 17 (1879), S. 54 f.

[19] Urkunden zu den Besitzstreitigkeiten zwischen den Klöstern St. Gallen, St. Peter und St. Märgen, bearb. von Michael Borgolte, in: Kelten und Alemannen im Dreisamtal, hrsg. von Karl Schmid, Bühl/Baden 1983, S. 169–188. Zum Zusammenhang siehe Karl Schmid, Burg Wiesneck und die Eroberung des Breisgaus durch Berthold II. im Jahr 1079, ebd., und Hugo Ott, Überlegungen zur Besiedelungsgeschichte des Zartener Beckens und des Wagensteigtals, ebd., S. 141–151.

Zubenennung auftrat – vielleicht weil er nach der Zerstörung der Burg Wiesneck im Wortsinn »unbehaust« war –, nannte sich 1125 und später Wezel von Haigerloch.[20] Er hatte also hier seinen Wohnsitz genommen und Haigerloch wieder zum Herrschaftsmittelpunkt der Familie gemacht.

Die Frage bleibt, woher der jahrzehntelange unversöhnliche Gegensatz zwischen Zähringern und Wiesneckern rührte. Denn die vermutete Zugehörigkeit zu verschiedenen politischen Lagern im Investiturstreit scheint als Begründung hierfür nicht auszureichen. Der Gegensatz zwischen Gregorianern und Kaisertreuen hatte nach 1086 seinen kämpferischen Charakter verloren, die Parteien begegneten sich versöhnlicher. Zähringer und Wiesnecker befanden sich nach 1100 gleichermaßen in der Umgebung der salischen Kaiser. Trotzdem fanden sich die Wiesnecker nicht bereit, sich den Zähringern, die zur größten Macht im westlichen Schwaben geworden waren, unterzuordnen, was ihnen sicherlich Vorteile gebracht hätte. Ich sehe jenseits der politischen Parteiungen zwei mögliche Gründe, die eine Feindschaft zwischen den beiden Adelsdynastien begründen konnten.

4. Der Gegensatz zwischen Zähringern und Wiesneckern

Da ist zum einen auf eine Episode zu Beginn der kriegerischen Auseinandersetzungen des Investiturstreits zu verweisen. Im Verlauf seines Kriegszugs in den Thurgau im Jahr 1079 soll Herzog Berthold II. von Zähringen »aus Haß und Feindschaft« einen Totschlag an einem Grafen Wezel von Bürglen verübt haben.[21] Dieser Graf Wezel war wohl der Vater von Dietrich von Bürglen und Adelbert von Mörsberg, die in die Nellenburger Familie eingeheiratet hatten und diese um 1100 beerben sollten.[22] Der gewaltsame Tod Wezels von Bürglen scheint die Sippe der Nellenburger gespalten zu haben, denn während Graf Burkart von Nellenburg, der Sohn des Schaffhauser Klostergründers, sich auf die Seite der Gregorianer und damit auf die Seite des Totschlägers Berthold von Zähringen schlug, mussten sich seine Schwäger, die Söhne des Erschlagenen, von ihm distanzieren. Es gibt Indizien, dass Graf Adelbert von Haigerloch in die Verwandtschaft des Erschlagenen gehörte, so dass auch er über dieser Tat zu einem Feind des Zähringers werden konnte. Es drängt sich die Frage auf, ob

[20] Regesten der Bischöfe von Straßburg, Bd. 1,2, Innsbruck 1908, Nr. 402 (zu 1118) und Nr. 450 (zu 1133).

[21] Die Chronik des Gallus Öhem (wie Anm. 18), S. 98 f. Vgl. Ulrich Parlow, Die Zähringer. Kommentierte Quellendokumentation zu einem südwestdeutschen Herzogsgeschlecht des hohen Mittelalters, Stuttgart 1999, S. 65–70.

[22] Zu Dietrich von Bürglen und Adelbert von Mörsberg siehe Hils (wie Anm. 14), S. 127 ff. und Anm. 81; Heinz Gallmann, Das Schaffhauser Stifterbuch. Legende um Stifter und Stiftung des Klosters Allerheiligen, Konstanz 1995, S. 130 f. und 137.

zwischen dem Totschlag an Wezel von Bürglen durch Herzog Berthold II. von Zähringen 1079 auf seinem Thurgauer Zug und der Eroberung der Burg Wiesneck wenig später auf seinem Breisgau-Feldzug nicht ein innerer Zusammenhang besteht. Am Anfang der Feindseligkeiten zwischen Zähringern und Wiesneckern könnte also neben aller politischer Gegnerschaft eine die familiäre Erbfeindschaft begründende Untat gestanden haben.

Der vom Zähringerherzog erschlagene Graf Wezel von Bürglen ist wegen seines Vornamens auch früheren Forschern schon aufgefallen.[23] Er scheint einer thurgauischen Adelsdynastie anzugehören, der auch die Grafen von Mörsberg und Kiburg entstammten. In dieser Familie war der Vorname Werner bzw. seine Koseform Wezel verbreitet. Wenn die Vermutung richtig ist, dass Adelbert von Haigerloch mit diesem Wezel von Bürglen in verwandtschaftlicher (und sei es auch kognatischer) Beziehung stand, dann ließe sich vielleicht der später in der Haigerlocher Familie gebräuchliche Vorname Wezel auf diesen Verwandtschaftskreis zurückführen.

Ein weiterer politischer Vorgang könnte den Gegensatz der Häuser Haigerloch-Wiesneck und Zähringen vertieft haben. Die Zähringer verstanden es, eine Reihe von Klostervogteien in Südwestdeutschland in ihre Hände zu bringen. Seit Anfang des 11. Jahrhunderts verfügten sie über die Vogtei des Klosters St. Georg in Stein am Rhein. Dieses Kloster war ursprünglich als Gründung des schwäbischen Herzogs Burkard III. und seiner Frau Hadwig auf dem Hohentwiel angesiedelt und wurde um 1005 nach Stein verlegt. Heinrich II. übertrug gleichzeitig eine Reihe von Gütern aus der herzoglichen Stiftungsmasse dem von ihm gegründeten Hochstift Bamberg, so dass diese künftig von Bamberg zu Lehen gingen. Die Schutzherrschaft über das Kloster Stein am Rhein und über die Bamberger Güter dürften die Zähringer bis zum Investiturstreit unangefochten ausgeübt haben. Die Frage ist allerdings, was aus diesen Rechten wurde, als im Jahr 1086 der St. Galler Abt Ulrich im Namen des Kaisers den Hohentwiel eroberte, der in der Hand Bertholds II. von Zähringen eine wichtige Bastion der Gregorianer im Hegau gewesen war.[24] Es würde der Logik der politischen Situation entsprechen, dass den Zähringern damals die Verfügung über die genannten Vogteien entzogen worden wäre. Man könnte sogar so weit gehen zu vermuten, dass die Vogtei über das Kloster Stein am Rhein damals den Haigerloch-Wiesneckern übertragen wurde, die im Raum Schaffhausen trotz der Güterveräußerungen Adelberts von Haigerloch wohl immer noch Besitz und Interessen hatten. Jedenfalls scheinen die Haigerlocher im Zuge dieser Entwicklung die Verfügung über die Vogteien des Klosters Stein und der Bamberger Lehen im

---

[23] K. Schmid, Wiesneck (wie Anm. 19), S. 118 und 130, Anm. 75.
[24] Casimir Bumiller, Hohentwiel. Geschichte einer Burg zwischen Festungsalltag und großer Politik, 2. Aufl., Konstanz 1997, S. 47–59.

Raum nördlich der Donau erlangt zu haben, denn dort treffen wir im 13. Jahrhundert die Grafen von Hohenberg in dieser Position an.[25] Aber auch in Hilzingen unmittelbar unterhalb des Hohentwiel sind im 13. und 14. Jahrhundert die Hohenberger Inhaber der Bamberger Lehen.[26] Eberhard Dobler vermutet zwar, dass die Hohenberger erst nach dem Untergang der Zähringer 1218 diese Rechte erhielten.[27] Es ist jedoch wahrscheinlich, dass ihr Anspruch auf diese Lehen auf den früher von ihren Rechtsvorgängern, den Haigerlochern, hier ausgeübten Rechten beruhte.

Wenn diese Erörterungen zunächst sehr hypothetisch erscheinen, so sei doch auf eine merkwürdige Parallele in der Herrschaftsgeschichte der Zähringer und der Haigerlocher verwiesen. Habe ich oben von einem »Haigerlocher Interregnum« gesprochen, also von einer Abwesenheit und vielleicht eingeschränkten Verfügungsgewalt der Haigerlocher Grafen über ihren schwäbischen Herrschaftsbereich zwischen ca. 1080 und 1120, so spiegelt sich dies in einem eingeschränkten Zugriff der Zähringer auf den Hohentwiel und ihre hegauischen Rechte zwischen 1086 und 1122 wider.[28] Und es wäre zu diskutieren, ob diese scheinbar unverbundenen Tatbestände nicht doch über den Anspruch auf die Steiner Vogtei und die bambergischen Lehen in Schwaben miteinander verknüpft gewesen sein könnten.

Sicher scheint soviel: Es gab alte Wunden und offene Rechnungen zwischen den Zähringern und Wiesneckern seit den Kämpfen der Jahre 1079 bis 1086, die die fortgesetzte Gegnerschaft zwischen den beiden immer ungleicher werdenden Dynastien begründen könnten. Die Wogen schienen zwar zu Beginn des 12. Jahrhunderts geglättet, doch nach dem Tod Bertholds II. von Zähringen 1111 und Adelberts von Wiesneck – nach meinem Dafürhalten nicht lange danach – stand in den Jahren um 1120 eine Entscheidung an. Der Bruder Bertholds, Konrad von Zähringen, betrieb eine wesentlich aggressivere Politik. Er war es, der 1120 die präurbane Siedlung Freiburg zur Stadt erhob, er war es, der 1122 bewaffnet in die St. Galler Abtswahl eingriff und sich wieder Zugriff auf den Hegau verschaffte, und er dürfte auch für die Zerstörung der Burg Wiesneck in dieser Zeit, vermutlich schon 1118, verantwortlich gewesen sein.

Der latente Konflikt zwischen den beiden Geschlechtern war aufgebrochen, als die Wiesnecker in direkter Nachbarschaft zum zähringischen Hauskloster St. Peter ein eigenes Kloster gründeten, und zwar nicht so sehr wegen der Klo-

---

[25] Schöntag (wie Anm. 1).
[26] Karl Otto Müller, Quellen zur Verwaltungs- und Wirtschaftsgeschichte der Grafschaft Hohenberg, Stuttgart 1953, S. 145 f.
[27] Eberhard Dobler, Der Staufen – eine Zähringerburg im Hegau, in: Hegau 12 (1967), S. 27–36, bes. S. 29.
[28] Bumiller, Hohentwiel (wie Anm. 24).

stergründung an sich, sondern wegen der von den Wiesneckern ausgeübten Vogtei. Die Rede ist vom Kloster St. Märgen, dem einzigen heute noch sichtbaren Überrest der Haigerlocher Herrschaftsbildung im Breisgau.[29] Dieses Kloster wurde um 1115/18 von Bruno, dem Bruder Adelberts von Wiesneck, als Gegenstück zum benachbarten zähringischen St. Peter gegründet. Anlass der Gründung könnte der Tod Adelberts von Wiesneck gewesen sein, denn er taucht im Umfeld der Fundation mit keiner Silbe auf, was man eigentlich erwarten sollte. Sein Bruder Bruno war nicht irgendwer: Er bekleidete nach einer Karriere als Straßburger Domherr in den Jahren 1112 bis 1122 das Amt des Reichskanzlers. Er trat allerdings im Jahr des Wormser Konkordats zurück – oder wurde entlassen –, weil er offensichtlich den Kompromiss im Investiturstreit nicht mittragen mochte. Kanzler Bruno wurde insofern zu einer tragischen Gestalt der Reichsgeschichte, und zu diesem Eindruck trägt bei, dass gerade in dieser Zeit sein mutmaßliches Geburtshaus, die Burg Wiesneck, zerstört wurde und somit die gesamte wiesneckische Herrschaftsbildung bedroht war. Seine Klostergründung könnte insofern neben dem Zweck einer Familiengrablege auch den Sinn gehabt haben, einen Teil der wiesneckischen Güter im Breisgau durch Schenkung an das Kloster vor dem Zugriff der aggressiven Zähringer zu schützen.

Den Zähringern ging es in der Tat nicht so sehr um die Zurückdrängung des neuen Klosters, sie störte lediglich die räumliche Nähe, die Nachbarschaftsstreitigkeiten um gemeinsame Grenzen provozierte, und die strategische Lage der Burg Wiesneck als Sitz der Klostervogtei, die das Zartener Becken und die dort einmündenden Schwarzwaldstraßen kontrollierte. Nachdem es den Zähringern in vierzig Jahren nicht gelungen war, die Haigerlocher in Wiesneck unter ihre Botmäßigkeit zu zwingen, machten sie kurz nach der Errichtung ihres Hausklosters St. Märgen deren Herrschaftszentrum unbewohnbar und zwangen sie so zur Rückkehr an die Eyach. Dies war für die Familie verwaltungstechnisch wie machtstrategisch von großem Nachteil, da Haigerloch sowohl als Schutzhort des Hausklosters als auch in Bezug auf den bis ins Elsass verstreuten Hausbesitz eher peripher lag.

5. Die Bern-Sage – oder: Wer verfügte um 1100 über Haigerloch?

Eine vage Unterstützung findet die These vom »Haigerlocher Interregnum«, also die Behauptung, die Grafen von Haigerloch hätten in der Zeit zwischen etwa 1079 und 1120 nur eingeschränkt über Haigerloch verfügt und jedenfalls nicht dort residiert, in der Sagenüberlieferung um Bern, den Stifter des Klosters Rei-

[29] Wolfgang Müller, Studien zur Geschichte der Klöster St. Märgen und Allerheiligen, Freiburg i. B., in: FDA 89 (1969), S. 9ff.; Johann Adam Kraus, Bruno, der Gründer des Klosters St. Märgen, in: Schau-ins-Land 82 (1964), S. 116–121.

chenbach. Die Erforschung dieses Sagenkorpus ist zwar dadurch erheblich erschwert, dass die Handschrift, die eine der Quellen enthielt, heute verschollen scheint.[30] Durch den Abdruck der fraglichen Texte in der älteren Forschungsliteratur ist der Sachverhalt jedoch einer gewissen vorsichtigen Beurteilung zugänglich.

Spätestens um die Mitte des 16. Jahrhunderts kursierte eine Sage um den Reichenbacher Klosterstifter, die ihren ersten literarischen Niederschlag in der Zimmerischen Chronik fand (Niederschrift vor 1566). Der Chronist Graf Froben Christoph von Zimmern notierte sie anlässlich seines Berichts über die Gründung des Klosters Reichenbach im Schwarzwald:

> Darumb ist zu wissen, das, als man zellet nach Cristi unsers lieben herrn gepurt ain tausendt und achtzig jar, gar ain edler freiher, Berno gehaißen, in leben gewesen, des stammens und geschlechts von Sigburg, welches schlos und herschaft seins namens vor dem Schwarzwald an dem Negker gelegen [bei Sulzau, Gem. Starzach]. Der het noch ain leiblichen brueder, herr Arnoldt genennt, die baide waren in gutem vermögen, dann sie domals neben der herschaft Sigburg auch das stättlin Haigerloch sampt seiner zugehörde inhetten.[31]

Weiter erzählt die Chronik, wie Berno seinem Bruder Arnold in dessen Haigerlocher Schloss Früchte zur Aufbewahrung gab, die jener aber veruntreute. Aus Gram über den treulosen Bruder habe Berno, der im übrigen kürzlich seine Gemahlin, eine »freifraw von Kürnberg«, verloren habe und ohne Erben gewesen sei, sein Eigengut Reichenbach bei Hirsau dem Abt Wilhelm von Hirsau übertragen, um dort ein Kloster zu errichten.

Möglicherweise hatte der eifrige Forscher Froben Christoph von Zimmern Gelegenheit, eines der Reichenbacher Traditionsbücher oder den heute verlorenen Sammelband mit Reichenbacher Dokumenten im Original einzusehen.[32] Denn lassen wir einmal den offenkundig sagenhaften Anteil der Geschichte beiseite, so berichtet er den historisch belegten Stiftungsvorgang um 1082 durchaus korrekt und lässt des weiteren erkennen, dass er auch von späteren Schenkungen an das junge Kloster Kenntnis hat, nämlich von der 1088 erfolgten Stiftung eines Burkhart von Kürnberg.[33] Diese Nachricht war ihm deshalb wichtig, weil als Zeugen und Vermittler dieser Schenkung u. a. ein Alberich und ein Hartbrecht »de Cinberen« genannt werden, die er (wohl zu Unrecht) als Vorfahren seines

---

[30] Molitor, Reichenbacher Schenkungsbuch (wie Anm. 3), S. 58–63.
[31] Zimmerlsche Chronik, nach der von Karl Barack besorgten zweiten Auflage hrsg. von Paul Herrmann, Meersburg/Leipzig 1932, Bd. 1, S. 71 f. Ähnliche Überlieferung bei Martin Crusius, Annales Suevici II, 1592, S. 481.
[32] Beat R. Jenny, Graf Froben Christoph von Zimmern. Geschichtsschreiber, Erzähler, Landesherr, Lindau/Konstanz 1959, weiß nicht definitiv zu sagen, ob Froben in Reichenbach Studien betrieben hat; vgl. Register unter Reichenbach.
[33] Vgl. Molitor, Reichenbacher Schenkungsbuch (wie Anm. 3), S. 117f. (P 12).

Geschlechts auffasste. Die Quelle diente ihm als Nachweis für eine Mitwirkung seiner Vorväter an der Reichenbacher Klosterstiftung. Dieser familiengeschichtliche »Beleg« dürfte der eigentliche Anlass für die Einsichtnahme der Originalquelle durch Graf Froben gewesen sein, die Entdeckung der Bern-Sage erscheint dagegen eher als Abfallprodukt, das der für solche Geschichten empfängliche Chronist aber gerne rezipierte. Und so scheint es auch auf sein Konto zu gehen, dass hier eine »freifraw von Kürnberg« als Gemahlin des Klosterstifters Berno erscheint: Bern wird so gewissermaßen an den Freundes- und Verwandtenkreis der frühen Herren von Zimmern herangeführt. Wir erahnen bereits an diesem Beispiel, wie jüngere Interessen sich einer Sagenüberlieferung tendenziös bemächtigen, diese überlagern und ausschmücken konnten.

Eine Variante der Sage in lateinischer Fassung hat in deutscher Übersetzung folgenden Wortlaut:

Im Jahre 1060 lebte der edle Herr Berno, ein Freiherr (liber baro) von Sigburg und Haigerloch mit seiner Gemahlin Anastasia von Ehingen, die er aufs Zärtlichste liebte; aber sie starb zugleich mit ihrem Sohn bei dessen Geburt. Durch diese traurige Nachricht heftig betrübt, verschmähte er es, nochmals zu heiraten, und begab sich auf Pilgerfahrt nach Rom. Sein leiblicher Bruder, ein harter Mann, beraubte und verwüstete während seiner Abwesenheit Bernos Feste Sigburg, indem er Frucht und Gerätschaften wegführte. Als er von Rom zurückkam, sah er wohl den Schaden, unternahm aber nichts, um die Burg wiederherzustellen und den Raub zurückzufordern, sondern von der Welt angewidert, wandte er sich dem geistlichen Leben zu. Unter Zustimmung der beteiligten Verwandtschaft erwarb er den Platz, wo jetzt das Kloster St. Gregorii (d. i. Reichenbach) steht, und begab sich alsdann in die religiöse Gemeinschaft zu Hirsau im Jahr 1072. Er begann nun das vielgenannte Priorat zu bauen, und als es im Jahr 1080 erstellt war, nahm er als Gründer und Erster dort seine Wohnung und beschloss daselbst sein Leben mit einem seligen Ende [...]. Inzwischen starb auch Arnold, der Bruder des Gründers, worauf der Lehenbesitz an den herzoglichen Grafen (Ducalem Comitem) von Hohenberg anheimfiel, der Eigenbesitz aber ans Kloster St. Gregor, während Berno noch lebte.[34]

---

[34] Lateinischer Text bei Manfred Eimer, Studien zur Geschichte des Klosters Reichenbach, in: WVJH 36 (1930), S. 65f., deutscher Wortlaut bei Jakob Bitzer, Aus den ältesten Urkunden des Klosters Reichenbach, in: Freudenstädter Heimatblätter 1 (1936), S. 20f. Die überaus komplizierte Überlieferungsgeschichte des Textes, die natürlich für eine abschließende Beurteilung des Quellenwertes wichtig wäre, kann hier nicht dargestellt werden; vgl. hierzu die soeben genannten Autoren und Hans Rommel, Auf der Suche nach dem »Dokument«, in: Freudenstädter Heimatblätter 2 (1937), S. 24–30. Zuerst war Friedrich von Laßberg, Die Herren und Grafen von Haigerloch, in: Württembergische Jahrbücher 1836, H. 2, S. 85–116, auf die Sagenüberlieferung gestoßen. Er zog aus seinem Material den Schluss, dass die Grafen von Haigerloch und von Hohenberg identisch gewesen seien und dass gerade auch die gelegentliche Zubenennung Albrechts II. von Hohenberg nach Haigerloch hierfür ein Beleg sei.

Die offensichtlichen Anachronismen der sagenhaften Überlieferung (die Herren von Ehingen waren um 1060/80 noch nicht ins Licht der Geschichte getreten, ebenso wenig wie die »herzoglichen Grafen« von Hohenberg) sollten zunächst nicht allzu sehr irritieren, denn derlei konkretisierende Zutaten sind auch sonst Bestandteil lokaler Sagen. Die Frage ist, ob jenseits dieses offenkundig rezenten Beiwerks die Sage einen gültigen historischen Kern beanspruchen kann. Manfred Eimer kam aufgrund des Überlieferungszusammenhangs der Sage – gewissermaßen als Anhang zur Sage wurden eine Reihe von Reichenbacher Schenkungsregesten mitgeliefert – zu dem Urteil: »Diese Überlieferung einfach als Legende abzuweisen, geht nicht an.« Und an anderer Stelle: »Da nun aber [...] diese Nachrichten über den Klostererwerb als richtig und auf echtem Urkundenmaterial beruhend anzusehen sind, so liegt kein Grund vor, die Darstellung der Schicksale Bernos und die Etappen der Klostergründung durch ihn anzuzweifeln [...]. Es ist auch kein Grund vorhanden, diese Darstellung, die gar nichts Mystisches und Wunderhaftes an sich hat, sondern schlicht und menschlich ist, für Phantasie oder Klosterlegende zu erklären.« Eimer zieht das Fazit: »Die Geschichte von Berno von Sigburg und Haigerloch ist keine Erfindung.«[35]

Ganz anders sah dies Jakob Bitzer. Für ihn war das sogenannte »Dokument« mit der Überlieferung der Bern-Sage ein »Erzeugnis des 17. Jahrhunderts« ohne jeglichen historischen Wert, eigens angelegt, um in den Auseinandersetzungen zwischen Württemberg und Österreich um das Kloster Reichenbach »Erbansprüche Hohenberg-Oesterreichs auf Reichenbach nachzuweisen«.[36] Die Nennung von Adelsfamilien, die später in österreichischen Diensten standen wie die von Ehingen, und die Erwähnung der »herzoglichen Grafen« von Hohenberg als Rechtsvorgänger der Habsburger dienten diesem politischen Zweck. Auch wenn man dieser Argumentation für die jüngere Variante der Sage folgen kann, so ist damit ja nur gesagt, dass eine kursierende Sage im 17. Jahrhundert aus durchschaubaren Gründen mit pseudohistorischen Zutaten politisch funktionalisiert wurde. Sie kann in ihrem Kern dennoch älter sein und war ja tatsächlich spätestens Mitte des 16. Jahrhunderts im Umlauf. Die Bern-Sage erscheint demnach wie andere auch in historischen Schichten überliefert. Für unsere Fragestellung kommt es aber ausschließlich darauf an, zu klären, ob der Kern der Sage – Bern sei ein Herr von Siegburg und Haigerloch gewesen, er habe einen Bruder Arnold von Haigerloch gehabt – den historischen Horizont des 11./12. Jahrhunderts reflektieren könnte.

Von Interesse ist, dass Gerhard Wein in jüngerer Zeit dazu tendierte, den historischen Kern der Sage wie den ihrer Randüberlieferung wieder ernster zu nehmen. »Wenn Bern dem Älteren erst im späteren Mittelalter der Beiname ›von

---

[35] Eimer (wie Anm. 34), S. 61 und 68.
[36] Bitzer (wie Anm. 34), S. 23 f.

Siegburg‹ beigelegt wird, so sollte dieser Name doch nicht für ein reines Sagen-
gespinst gehalten werden. Da auch die anderen Adligen, die im ›Schwarzwald
der Kirche in Reichenbach‹ stiften, sich meist nach Orten nennen, die am Neckar
zwischen Sulz und Horb oder nicht weit davon liegen, erscheint Berns Benennung nach der nur wenig unterhalb von Horb gelegenen Siegburg gar nicht so
abwegig.«[37]

Es scheint demnach geboten, den historischen Stifter von Kloster Reichenbach aufgrund der Quellen zu seiner Person etwas eingehender zu betrachten.
Wir wissen aus den Einträgen ins Reichenbacher Schenkungsbuch (St. Pauler
wie Stuttgarter Handschrift), dass Bern verheiratet war, aber der Name seiner
Frau wird dort selbst nicht genannt. Allerdings erscheint unter den Wohltätern
des Klosters St. Georgen im Schwarzwald ebenfalls ein gewisser Bern, der gemeinsam mit seiner Frau Uoticha 1095 durch seinen gleichnamigen Sohn Güter
in Eschach bei Villingen übertragen ließ. Es wird von der Forschung für wahrscheinlich gehalten, dass es sich hierbei um den Reichenbacher Stifter handelte,
denn dieser hatte ebenfalls einen bereits verheirateten Sohn namens Bern, der die
Schenkungen seines Vaters an Reichenbach vollendete. Zu den Schenkungsgü-
tern der Familie zählten außer dem Klostergelände in Reichenbach ein Berg
Iringsberg und Güter in Fischbach (abgegangen bei Loßburg). Nach einer Nachricht im Hirsauer Codex nannte sich Bern sogar »de Vischbach«. Ferner besaß
die Familie, wenn die Gleichsetzung des Reichenbacher Gründers von 1082 mit
dem Stifter an St. Georgen von 1095 zulässig ist, auch Besitz in Eschach bei
Villingen. Das würde für eine gewisse Streuung des Grundbesitzes sprechen, wie
er in diesen Adelskreisen üblich war. Berns Standesbezeichnung lautete nach
dem Reichenbacher Schenkungsbuch »ingenuus homo«. Diese vornehme
Schicht freier Adliger rangierte zwar deutlich unterhalb der Gruppe hochadliger
Klosterstifter wie der Herzöge von Zähringen (St. Peter 1093), der Grafen von
Nellenburg (Schaffhausen 1050/80), von Calw (Hirsau 1075), von Sulz (Alpirs-
bach 1099), aber sie tauchen in großer Zahl im gesellschaftlichen Umfeld dieser
Dynastengeschlechter als Wohltäter der angesprochenen Reformklöster auf.

Bern war im übrigen auch nicht in dem umfassenden Sinne Stifter des Klosters Reichenbach wie es beispielsweise die Grafen von Calw gegenüber Hirsau
waren. Bern stellte nur das Klostergrundstück zur Verfügung, eigentlicher Träger
des Neubaus war Abt Wilhelm von Hirsau.[38] Es ist überdies von der Forschung
hervorgehoben worden, dass das Klostergebiet (»Weitreiche«) von Reichenbach
durch mehr oder weniger gleichzeitige Tradition mehrerer Grundbesitzer geschaffen wurde, die man als »Erbengemeinschaft«, also im weitesten Sinne als

---

[37] Gerhard Wein, Die Königswart über der Murg, in: Freudenstädter Beiträge 3/1979,
   S. 58, Anm. 124.
[38] Molitor, Reichenbacher Schenkungsbuch (wie Anm. 3), S. 7 ff.

Verwandte auffassen kann. Hierzu zählten neben Bern »von Fischbach« alias »Siegburg« Wernher von Salzstetten, zwei Brüder von Hallwangen, Manegold von Leinstetten, Wernher von Hopfau, Hildegart von (Grün-)Mettstetten und Walther von Horb. Das heißt, was sonst eine einzelne Adelsdynastie zuwege brachte, hat im Fall von Reichenbach eine Besitzergemeinschaft von möglicherweise verwandten, jedenfalls benachbarten Adelsfamilien geleistet. Zu beachten ist allerdings, dass in einem Teil des Schenkungsgutes, dem Besitz der Herren von Hopfau, kein geringerer als Berthold II. von Zähringen Mitbesitzer war.

Eine wesentliche Rolle bei der Errichtung des Klosters Reichenbach spielte ein weiterer Adliger, Ernst von Geisenheim (bei Mainz), der gemeinsam mit Bern zur ersten Generation von Reichenbacher Konversen zählte. Man könnte sagen, Bern stellte den Baugrund für das künftige Kloster zur Verfügung, während Ernst die Planungsaufgaben übernahm und den Klosterbau im Auftrag Abt Wilhelms überwachte. Dieser Ernst verfügte ebenfalls über weit gestreuten Besitz und vermachte dem Kloster Güter in seiner Heimat, die aber bald gegen solche in Imnau (heute Stadt Haigerloch) und Sulzau (heute Gemeinde Starzach) getauscht wurden.[39] Und da drängt sich zwangsläufig die Frage auf, wer der Tauschpartner in diesen Orten war. Denn zu Sulzau am Neckar gehört die alte Burgstelle Siegburg, die in unserer Sage eine namengebende Rolle spielt. Mit diesem Klosterbesitz in Sulzau wäre jedenfalls eine vage Beziehung zwischen dem Klosterstifter Bern und der Siegburg hergestellt.[40] Bern starb nach dem Reichenbacher Seelbuch an einem 8. August, vermutlich in den ersten Jahren des 12. Jahrhunderts. Er war zuletzt als Konverse ins Kloster eingetreten (was nahelegt, dass seine Frau vor ihm gestorben war). Bern wurde in der Klosterkirche selbst begraben und erhielt eine Grabplatte mit der Inschrift: »Epitaphium Bern senioris. Octavo Ydus Augusti obiit Bern conversus, cuius anima requiescat in pace«.[41]

---

[39] Ebd., S. 7 ff. und S. 107 ff. (P 1 bis 3).

[40] Vgl. auch Siegfried Krezdorn, Das Bergschloß Weitenburg im Wandel der Geschichte, 4. Aufl., Biberach 1988, S. 14, und Der Landkreis Tübingen, Bd. 3, S. 625. Krezdorns Datierung der Siegburg in das 11. Jahrhundert aufgrund der Bern-Sage ist zwar unzulässig, doch der Augenschein der nur 2 km von der Weitenburg gelegenen Burgstelle macht deutlich, dass es sich um eine sehr alte, sicherlich ins 12. Jahrhundert zu datierende Anlage handelt, die überdies aufgrund ihrer Ausdehnung einen verhältnismäßig hochrangigen Besitzer gehabt haben muss.

[41] Zur Person Berns siehe Molitor, Reichenbacher Schenkungsbuch (wie Anm. 3), S. 7 ff. und P 1, 11, 19, 78 f., 88; ferner Klaus Schreiner, Sozial- und standesgeschichtliche Untersuchungen zu den Benediktinerkonventen im östlichen Schwarzwald, Stuttgart 1964, S. 207, Nr. 18; Notitiae fundationis (wie Anm. 16), S. 1020; Hans-Josef Wollasch, Die Anfänge des Klosters St. Georgen im Schwarzwald. Zur Ausbildung der geschichtlichen Eigenart eines Klosters innerhalb der Hirsauer Reform, Freiburg 1964, S. 49, 60, 100; Eimer (wie Anm. 34), S. 59–69; Bitzer (wie Anm. 34), S. 19–24; Wein (wie Anm. 37), S. 40 f. und Anm. 124; Sönke Lorenz, Hirsaus Priorate im Hochmittelalter, in: Hirsau. St. Peter und Paul 1091–1991, Stuttgart 1991, Bd. 2, S. 378–393, bes. S. 380 f.

Wie sich zeigt, ist also aufgrund historischer Belege durchaus eine Assoziationskette vom Klosterstifter Bern und seinem Gefährten Ernst über die Reichenbacher Stiftungsgüter Sulzau zur Siegburg und über Imnau zu Haigerloch herzustellen, nur einen Bruder Arnold (»von Haigerloch«) geben die historischen Quellen zu Berns Person nicht preis. Dennoch sollten wir den sagenhaften Hinweis auf einen angeblich in Haigerloch residierenden Bruder Arnold nicht leichtfertig verwerfen, da uns der Vorname Arnold in der Haigerlocher Schenkungsurkunde von 1095 gleich dreifach begegnet. Bei der Schenkung des Ritters Wortwin an das Kloster St. Georgen vom 10. Januar dieses Jahres waren nämlich als Zeugen u. a. anwesend ein Arnold von Owingen sowie ein Arnold von Kirchberg mit seinem gleichnamigen Sohn.[42] Der Name Arnold war also in den rings um Haigerloch gesessenen Adelsfamilien gewissermaßen heimisch, und dass ein Arnold um 1080 in Haigerloch selbst Burgherr gewesen wäre, wie in der Sage behauptet, erscheint demnach nicht völlig abwegig. Es scheint somit dringend geboten, das verwandtschaftliche Umfeld der Haigerlocher Vasallen von Owingen und Kirchberg, aber auch der Herren von Gruol und Weildorf und ihre möglichen Beziehungen zur Familie des Reichenbacher Klosterstifters Bern näher zu untersuchen. Dies umso mehr, als Bern offenbar in großer zeitlicher Nähe zur Haigerlocher Schenkung, nämlich am 19. Februar 1095, ebenfalls eine Stiftung an das Kloster St. Georgen vollzog.[43]

Diese möglichen Zusammenhänge sind hier nur anzudeuten. Die historischen Indizien verdichten sich aber so weit, dass die Sage um den Reichenbacher Stifter Bern (»von Siegburg und Haigerloch«) als mögliche Quelle zur Aufhellung unserer Fragestellung nicht mehr völlig von der Hand zu weisen ist.

6. Das Weildorfer Nekrolog

Liefert also die Bern-Sage eine mögliche Unterstützung für die These vom Haigerlocher Interregnum in Bezug auf die Frühzeit um 1080, so stützt das Fragment eines Weildorfer Nekrologs aus der Zeit um 1133 diese These gewissermaßen vom Ende her. Dieses Totenbuch wurde 1933 von Karl Otto Müller vorgestellt und aufgrund bestimmter Indizien nach Alpirsbach lokalisiert.[44] Doch

---

[42] Notitiae fundationis (wie Anm. 16).
[43] Ebd., S. 1021. Zu beachten wäre in diesem Zusammenhang evtl. auch, dass der Name Arnold zwischen 1110 und 1140 bei den Herren von Wolfach vorkam, die nach Harter um 1080 aus dem Raum am oberen Neckar an die Kinzig übergesiedelt waren und die später noch mit den Herren von Weildorf verschwägert waren; vgl. Hans Harter, Adel und Burgen im oberen Kinziggebiet. Studien zur Besiedlung und hochmittelalterlichen Herrschaftsbildung im mittleren Schwarzwald. Freiburg/München 1992, S. 54–96; ders., Eine Schenkung der Herren von Wolfach an das Kloster Alpirsbach, in: Ortenau 49 (1969), S. 225–244, bes. S. 240 f.
[44] Karl Otto Müller, Necrologium Alpirsbachense (1133), in: WVJH 39 (1933).

seit den Ausführungen von Hans Jänichen von 1961 ist nicht mehr daran zu zweifeln, dass das Nekrolog nach Weildorf, der Mutterpfarrei von Haigerloch, gehört.[45] Und zwar ließ sich wahrscheinlich machen, dass es aus zwei verschiedenen Vorlagen kompiliert wurde. Eine Vorlage bestand offensichtlich aus einem älteren Totenbuch der Weildorfer Pfarrei, in das hier verstorbene Laien eingetragen waren. Eine zweite, hiermit kombinierte Datenmasse enthielt u. a. die Sterbedaten von Mitgliedern des Hauses Haigerloch-Wiesneck, die offensichtlich Graf Wezel I. von Haigerloch nach seiner Rückkehr an die Eyach um 1122 dem Weildorfer Pfarrer zur Vereinigung mit dem dortigen Sterberegister übergab. In dem Nekrolog sind u. a. die Todestage von »Wezelo comes, dominus huius ecclesie«, und von »Bruno fundator et canonicus celle sancte Marie« überliefert.[46] Die beiden Personen, die als Neffe und Onkel aufgefasst werden, sind übrigens zeitlich nicht weit auseinander gestorben: Bruno, der ehemalige Reichskanzler, zwischen 1125 und 1128, Graf Wezel I. vor 1133.

7. Die Ausbildung einer Geschlechteridentität bei den Hohenbergern

Mit der St. Märgener Klostervogtei erhalten wir übrigens wieder Anschluss an unsere Fragestellung: die Hohenberger als Nachfolger der Haigerlocher Herrschaft. Denn tatsächlich treffen wir die Grafen von Hohenberg bis zum Jahr 1293 im Besitz der St. Märgener Vogtei an. Es war übrigens kein geringerer als Graf Albrecht II. von Hohenberg, der diese Vogteirechte und mit ihnen die Herrschaft Wiesneck im Dreisamtal wenige Jahre vor seinem Tod an einen Freiburger Bürger verkaufte. Erst unter Albrecht von Hohenberg wurde also gegen Ende des 13. Jahrhunderts die historisch gewachsene Herrschaft der Grafen von Haigerloch aufgelöst. Die elsässischen Besitzungen aus dem Haigerlocher Erbe, etwa das Weilertal bei Schlettstadt (auch Albrechtstal genannt!) mit der Burg Ortenberg, ein Besitzkomplex, der im frühen 12. Jahrhundert Bruno von Wiesneck gehört hatte, zählte zum Heiratsgut, das die Schwester Albrechts von Hohenberg, Gertrud, in ihre Ehe mit Rudolf von Habsburg, dem späteren König, einbrachte.[47]

---

[45] Jänichen (wie Anm. 8), S. 16 ff.
[46] K. O. Müller, Necrologium Alpirsbachense (wie Anm. 44), S. 196.
[47] W. Müller (wie Anm. 29), S. 20. Ein Teil des elsässischen Weilertals scheint allerdings aus der Besitzmasse der Herren von Hurningen (Hirrlingen) an die Hohenberger gelangt zu sein. Die möglichen inneren Beziehungen zwischen den von Hurningen und den Haigerlochern (vgl. das Brüderpaar Werner und Konrad von Ortenberg um 1167) sind noch nicht aufgeklärt. Vgl. Hans Jänichen, Herrschafts- und Territorialverhältnisse um Tübingen und Rottenburg im 11. und 12. Jahrhundert, Stuttgart 1964, S. 23 ff. und Stammtafel, S. 33. Vgl. Colmarer Annalen, in: MGH SS 17, S. 213; Schön (wie Anm. 3), S. 82, und Ludwig Schmid, Geschichte der Grafen von Zollern-Hohenberg nach meist ungedruckten Quellen, Bd. 1, Stuttgart 1862, S. 600–602.

Wie so oft bei hochmittelalterlichen Herrschaftskomplexen wird auch hier erst in der Auflösung der Herrschaft durch die Hohenbergcr fassbar, was sie von den Haigerlochern ererbt hatten. Sichtbar wird eine Besitzstreuung mit Schwerpunkten am Hochrhein um Schaffhausen, am Oberrhein mit dem elsässischen Weilertal und dem breisgauischen Wiesneck und schließlich am oberen Neckar mit Haigerloch. Dieser Herrschaftskomplex weist die Grafen von Haigerloch als eines der großen Adelsgeschlechter des 11. Jahrhunderts aus. Der Kern der Herrschaft und die älteste fassbare Besitzschicht verweisen jedoch auf den Grenzbereich von Thurgau und Hegau und gleichzeitig auf eine enge Verwandtschaft mit den Grafen von Nellenburg. Dies macht wie bei den Nellenburgern (und bei den Zollern) eine Herkunft der Haigerlocher Grafen aus dem verwandtschaftlichen Umfeld der Burkardinger wahrscheinlich.

Das Prestige, die Tradition und der Grafenrang einer alten, in ottonischer Zeit gründenden Familie erleichterte es den Grafen von Hohenberg Ende des 12. Jahrhunderts, sich aus der zollerischen Familientradition zu verabschieden und eine neue Identität in Anlehnung an die Haigerlocher zu suchen. Die Hohenberger haben sich dabei nicht nur das materielle Erbe, sondern auch Geschichte und Sage der Haigerlocher angeeignet.[48] Ein Beispiel dafür scheint eine bestimmte Variante der Herzog-Ernst-Sage zu bieten. Diese Sage wurde in der 2. Hälfte des 12. Jahrhunderts literarisiert und bis in die frühe Neuzeit hinein immer wieder bearbeitet. Sie handelt von der Auseinandersetzung zwischen einem Kaiser Otto und seinem Stiefsohn, Herzog Ernst von Bayern, der sich gegen die Reichsgewalt empört. Zuletzt gezwungen, das Land zu verlassen und in den Orient zu fliehen, bewährt er sich dort als Heerführer und Landesherr. Auf diese Weise geläutert, kann er unter veränderten politischen Verhältnissen heimkehren und zum Garanten des Friedens und der politischen Stabilität werden. Mit Kaiser Otto versöhnt, wird er wieder als Herzog von Bayern eingesetzt. Die Sage wird im wesentlichen mit zwei historischen Ereignissen in Verbindung gebracht: mit dem Aufstand des schwäbischen Herzogs Liudolf gegen seinen Vater Otto I. 953 und mit dem Kampf Herzog Ernsts II. von Schwaben gegen seinen Stiefvater Konrad II. 1027/30.[49]

In der 2. Hälfte des 13. Jahrhunderts entstand die lateinische Textfassung C, von der drei Handschriften bekannt sind. Die 1870 verbrannte Straßburger Handschrift mit der Sigle A, die Ende des 14. Jahrhunderts möglicherweise im elsäs-

---

[48] Zu den literarischen Interessen und Traditionen der Hohenberger vgl. Hodler (wie Anm. 13) und Hans Harter, Die »Herren von Ow« im 11. und 12. Jahrhundert, in: Adel am oberen Neckar. Beiträge zum 900jährigen Jubiläum der Familie von Ow, hrsg. von Franz Quarthal und Gerhard Faix, Tübingen 1995, S. 164–179, bes. S. 177.

[49] Hans-Joachim Behr, Art. Herzog Ernst, in: Lexikon des Mittelalters 4 (1989), Sp. 2193 f.; Hans Szklenar / Hans-Joachim Behr, Art. Herzog Ernst, in: Verfasserlexikon 3 (1981), Sp. 1170–1191.

sischen Kloster Selz entstanden ist, enthielt eine aufschlussreiche Textvariante: Der in den älteren Fassungen figurierende Freund Herzog Ernsts, »Graf Wezilo«, wird – lediglich in dieser verloren gegangenen Fassung – mit einem »Wetzilo comes de Heyerloch« identifiziert, von dem folgende Geschichte erzählt wird: Graf Wetzilo hatte einst im Mai »in castro Hayerloch« den Kaiser Otto zu Gast. Nach dem Mahl wurde dem Kaiser ein Trunk gereicht, doch der Mundschenk entdeckte im Krug eine Kröte und warf sie erschreckt weg. Graf Wetzilo ergriff die Kröte und aß sie zu einem Drittel auf, dem Kaiser demonstrierend, dass keine böse Absicht dahinter stand.

Nach Karl Bartsch, der die Handschrift vor ihrem Verlust noch gesehen und ediert hat, ist dieser Textzusatz nicht ursprünglich, sondern stammt sehr wahrscheinlich erst vom Schreiber der Handschrift A, mithin vielleicht von einem Geistlichen vom Ende des 14. Jahrhunderts.[50] Die Frage ist, welchem Interesse sich dieser Zusatz vom Grafen Wetzilo von Haigerloch zu diesem späten Zeitpunkt verdankt. Nach Thomas Ehlen »ist der Zusatz in Handschrift A so zu verstehen, daß das Haus Zollern, aller Wahrscheinlichkeit bereits in seiner Hohenbergischen Linie, genealogisch in der Ottonenzeit verankert werden soll und man ihr mit Ernstens Gefährten Wetzel gewissermaßen einen sagenhaften Ahnherren zuschreibt«.[51]

Offenkundig löste die Figur des Grafen Wetzel in der Herzog-Ernst-Sage bei einem bestimmten Rezipienten(kreis) des 14. Jahrhunderts die Assoziation »Wetzel von Haigerloch« aus, den man mitsamt der Krötengeschichte in den Sagenstoff aus ottonischer Zeit hineinwob. Dieser Rezipient muss also wenigstens dreierlei Bedingungen erfüllen: Er muss Beziehungen zum Elsass (Kloster Selz) gehabt haben; er muss Zugang zur Literatur gehabt haben, und er muss eine gewisse Kenntnis von der Tradition der Grafen von Haigerloch gehabt haben, die ja zu seinen Lebzeiten – sofern die Datierung von Bartsch richtig ist – schon zweihundert Jahre ausgestorben waren. Eine Person, die diese drei Bedingungen erfüllt, ist aber Graf Albrecht V. von Hohenberg, der u. a. in Paris studiert hatte, Beziehungen zum Chronisten Matthias von Neuenburg unterhielt, 1336 Reichslandvogt im Elsass und 1349 Bischof von Freising wurde.[52] Der 1359 gestorbene Enkel des Minnesängers Albrecht von Hohenberg könnte aufgrund seiner Bil-

---

[50] Herzog Ernst, hrsg. von Karl Bartsch, Wien 1869, S. XLIV, dort auch Erstedition der lateinischen Textpassage.
[51] Thomas Ehlen, Hystoria ducis Bauarie Ernesti. Kritische Edition des »Herzog Ernst« C und Untersuchungen zu Struktur und Darstellungen des Stoffes in den volkssprachlichen und lateinischen Fassungen, Tübingen 1996, S. 186. Ehlens ansonsten aufschlussreiche Arbeit leidet darunter, dass er bei der Recherche bezüglich Wetzel von Haigerloch auf L. Schmid (vgl. nächste Anm.) rekurrieren musste und damit in der älteren überholten Hypothesenbildung befangen blieb.
[52] Ludwig Schmid, Geschichte der Grafen von Zollern-Hohenberg, Stuttgart 1862, S. 205–225.

dung, seiner literarischen Interessen und seiner Funktionen die Haigerlocher Tradition seines Hauses gekannt haben und zugleich für ihre literarische Fortschreibung im Kloster Selz verantwortlich gewesen sein. Die Richtigkeit der Hypothese, die freilich weiter gestützt werden müsste, einmal vorausgesetzt, hätten wir in Albrecht V. von Hohenberg nach Burkhard von Hohenberg (1170/1193), dem mutmaßlichen Mäzen Hartmanns von Owe,[53] und Albrecht II. von Hohenberg († 1298), dem »Minnesänger«, einen weiteren Angehörigen dieses Hauses vor uns, der dessen literarisches Interesse verkörperte.

Die Hohenberger haben aber nicht nur vom historischen Prestige der Haigerlocher gezehrt, sie haben umgekehrt ihre eigene Identität den Haigerlocher Vorfahren übergestülpt, so dass diese später als Hohenberger erscheinen konnten. Sie haben auf diese Weise ihre eigene Geschichte gewissermaßen um mehr als hundert Jahre verlängert. Am deutlichsten kommt dies in einem St. Märgener Konventssiegel des späten 14. Jahrhunderts zum Ausdruck. In einer Zeit, als die Hohenberger längst nicht mehr präsent waren als Vögte des Klosters, gab sich der Konvent ein Siegel, das den Klostergründer als »Bruno de Hohenberg fundator« auswies.[54] Es wirkte also offensichtlich im Kloster eine Überlieferung nach, die die Haigerloch-Wiesnecker als Hohenberger erscheinen ließ. Wie gut diese Rückprojektion der Hohenberger Geschichte funktioniert hat, kommt noch darin zum Ausdruck, dass unter den modernen Historikern sowohl Wolfgang Müller als auch Heinrich Büttner und Theodor Mayer ganz selbstverständlich von den »Hohenbergern« sprachen, wenn sie die Wiesnecker meinten.

Insofern ist es dann doch eine beziehungsreiche Geste, wenn Graf Albrecht II. von Hohenberg mit einer seiner Residenzen so stark identifiziert war, dass er bei den Dichterkollegen als »der Haigerlocher« oder als »Graf von Haigerloch« galt.[55]

[53] Vgl. hierzu Harter (wie Anm. 48) und neuerdings dens., Die Grafen von Hohenberg und die ritterlich-höfische Kultur um 1190. Ich danke Herrn Dr. Harter herzlich für die Überlassung seines Vortragsmanuskripts vom 1. Adels-Symposion auf der Weitenburg am 21.6.1998.
[54] W. Müller (wie Anm. 29), S. 119 f.; Kraus (wie Anm. 29) mit falscher Datierung des Siegels.
[55] Volker Mertens, Albrecht von Haigerloch, in: Verfasserlexikon, Bd. 1 (1978), Sp. 186 f.

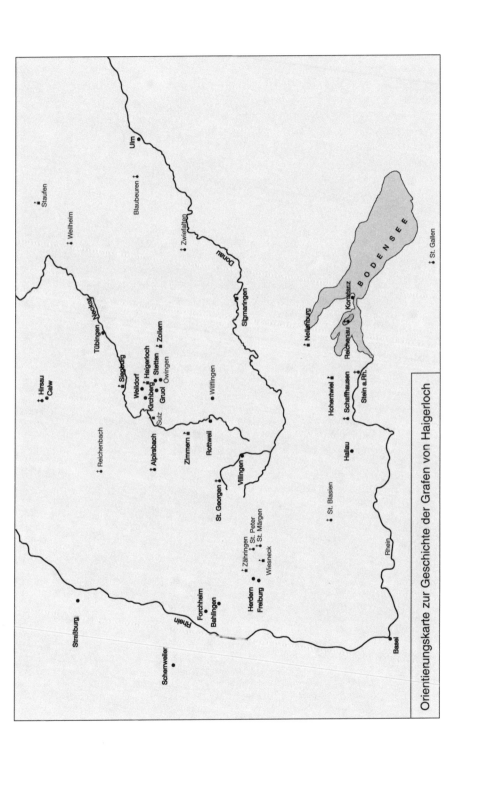

Orientierungskarte zur Geschichte der Grafen von Haigerloch

HANS PETER MÜLLER

Genealogia Hohenbergica
Die Linien Wildberg und Nagold

Im Vergleich zum Rottenburger Hauptstamm der Grafen von Hohenberg sind die Linien Wildberg und Nagold nur schwer zu überblicken, was weniger an der angeblichen Quellenarmut als vielmehr an der verbreiteten Gleichnamigkeit liegt. So traten beispielsweise in Urkunden von 1317 und 1318 gleich drei verschiedene Burkharde auf und 1377 drei Rudolfe, die alle den beiden Linien angehört haben sollen. Auch nach dem Tode des letzten Rottenburger Rudolf (1389) soll es noch drei Rudolfe bei den anderen Linien gegeben haben. Erschwerend kommt hinzu, daß bei den Wildberger und Nagolder Linien teilweise die genauen Sterbedaten fehlen und bis vor kurzem sogar einige Ehefrauen unbekannt waren.

Abgesehen davon ist bei der Nagolder Linie, wie auch bei der Rottenburger, gleichsam eine Generation ausgefallen durch den frühen Tod des ersten Otto, der vor seinem Vater starb. Gleichzeitig haben wir aber bei dessen Bruder Burkhard V. eine »Überlänge« festzustellen, da dieser sogar seinen Nagolder Neffen Burkhard überlebt hat.

Ludwig Schmid hat in seinem Standardwerk von 1862[1] den Wildberger und Nagolder Linien nur wenig Platz eingeräumt, wenn man einmal vom Stammvater Burkhard IV. absieht. Seine Stammbäume wurden fast unverändert in die Hohenzollerische Gesamtgenealogie (1905) übernommen und auch in die »Europäischen Stammtafeln«, obwohl mittlerweile einige neue Quellen erschlossen wurden, die Schmid nicht zur Verfügung standen.[2] Einen neuen Forschungsanstoß gab die Aufarbeitung der Reuthiner Quellen durch Friedrich Gand (1973) und die Entdeckung der sogenannten Genealogia Reuthinensis in einer Wiener Handschrift.[3] Nach einer ausführlichen Exegese dieses Dokuments hat Hans-

---

[1] Ludwig Schmid, Geschichte der Grafen von Zollern-Hohenberg und ihrer Grafschaft nach meist ungedruckten Quellen, nebst Urkundenbuch, 2 Bde., Stuttgart 1862.

[2] Vgl. Hans Peter Müller, Regesta Hohenbergica. Urkunden zur Geschichte der Grafschaft Hohenberg bis 1381, in: Der Sülchgau 26 (1982), S. 14–30.

[3] Friedrich Gand, Maria-Reuthin. Dominikanerinnenkloster und Hohenberger Grablege,

martin Decker-Hauff (1973) einen neuen »vorläufigen« Stammbaum der Nagolder und Wildberger Linien erstellt und zur Diskussion gestellt.[4]

Seine wesentlichsten Änderungen waren einmal der Einbau je einer weiteren Generation in die beiden Linien und zum andern die Anbindung der beiden letzten Hohenberger, die bislang als Wildberger galten, an die Nagolder Linie. Genaugenommen hat er den »überlangen« Wildberger Stammvater Burkhard V. (1287–1353) in zwei Personen »aufgespalten« und ebenso den Nagolder Otto (1340–1379) mit seinen beiden Ehefrauen. Schließlich hat er den um 1420 gestorbenen Hauptmann Rudolf, der laut Schmid vom Wildberger Otto abstammte, zum Sohn des Nagolder Burkhard gemacht.

Zuletzt unternahm Friedrich Gand anhand der wenigen erhaltenen Bruchstükke und der Exzerpte des altwürttembergischen Historikers Gabelkofer eine Rekonstruktion und Edition des Reuthiner Seelbuchs.[5] Allerdings ist er dabei nicht auf den neuen Hohenberger Stammbaum eingegangen und auch nicht auf die Rüttel-Handschrift im Hauptstaatsarchiv Stuttgart, die Decker-Hauff in seinem Beitrag zwar noch andeuten, aber nicht mehr verwerten konnte. Diese Handschrift enthält nicht nur die sogenannte Genealogia Reuthinensis, sondern auch einige unbekannte Sterbedaten der Hohenberger sowie eine Limpurgische Ahnenprobe, die Rückschlüsse auf die letzten Hohenberger erlaubt.[6]

Das Reuthiner Seelbuch enthält zum einen Einzelpersonen, wobei bei den Ehefrauen stets der Name des Mannes hinzugefügt ist, zum andern Ehepaare, bei denen zum Teil noch die Kinder mitgenannt werden. Leider hat Gabelkofer die eigentlichen Kalendertage weggelassen, die in der Regel aus dem Todestag des Betreffenden oder bei Paaren eines Partners bestehen. Wir wissen aber aus den zur Verfügung stehenden Daten, daß Gabelkofer seine Exzerpte nach der Reihenfolge im Seelbuch abgeschrieben und nicht etwa eine Komposition vorgenommen hat, wie sie die Genealogia Reuthinensis darstellt. So handelt der erste Eintrag von Rudolf und seiner Ehefrau Margreth von Tierstein, deren Jahrtag nach dem erhaltenen Bruchstück am 7. Januar gefeiert wurde. Der zweite Eintrag betrifft den Grafen Konrad von Kirchberg, Ehemann der Anna von Hohenberg, dessen Todestag der 17. Januar war. An dritter Stelle steht eine Frau von Zollern

---

Göppingen 1973. Reuthiner Urkundenregesten und Abschriften anderer Reuthiner Quellen finden sich in Gands Tübinger Zulassungsarbeit von 1964.

[4] Hansmartin Decker-Hauff, Die Genealogia Reuthinensis. Neue Quellen zur Geschichte des Hauses Zollern-Hohenberg, in: ZHG 9 (1973), S. 103–139.

[5] Friedrich Gand, Das verlorene Seelbuch des Klosters Maria-Reuthin, Böblingen 1979. Auf S. 11, 5. Zeile von unten, ist der Name Otto zu ergänzen; S. 12, 2. Zeile, muß es heißen: Otto, Graf Burkhards Sohn. Vgl. HStA Stuttgart, J 1, Nr. 48g, Bl. 73–74.

[6] Die Handschriften der Sammlung J 1 im Hauptstaatsarchiv Stuttgart, bearb. von Michael Klein, Wiesbaden 1980, Nr. 283.

und Gräfin von Hohenberg, womit Margreth gemeint ist, deren Todestag, der
28. Januar, im Seelbuch von Kloster Stetten bei Hechingen überliefert ist. Um
noch ein Beispiel vom Schluß zu bringen: Luitgard von Tübingen, die Ehefrau
des Stifters, wird an drittletzter Stelle genannt, da sie am 13. November gestorben ist.

Betrachten wir den gesamten Personenbestand, so fällt auf, daß einige wenige
Grafen und Gräfinnen fehlen. Leicht erklärbar ist das Fehlen von Maria von
Magenheim und Margreth von Hewen, da sie jung Witwen wurden und weg-
gezogen sind. Bei den Männern fehlt zumindest ein Otto, ferner ein Rudolf,
dessen historische Existenz aber ohnehin nicht gesichert ist. Dagegen erscheint
zusätzlich ein Nagolder Konrad, der mittlerweile auch urkundlich nachgewiesen
werden kann.

Ein neuerliches Eingehen auf die Genealogia Reuthinensis erübrigt sich an
dieser Stelle, da ihr Quellenwert ohnehin gering ist. Sie stellt eine eigenwillige
Bearbeitung des Seelbuchs dar und trägt weniger zur Erhellung als zur Verdunk-
lung der hohenbergischen Genealogie bei. Was die Rüttel-Handschrift Nr. 283
betrifft, so enthält sie einige Todesdaten der Hohenberger Grafen und Gräfinnen,
die zumeist auch bei Gabelkofer wiederkehren. Allerdings konnte Rüttel die
Reuthiner Grabsteine seinerzeit noch besser lesen, so daß seine Lesarten authen-
tischer sind.

1. Burkhard V. der Ältere zu Wildberg

Burkhard IV., Bruder des berühmten Albrecht II. und Begründer der Linien
Wildberg und Nagold, hatte aus seiner Ehe mit Luitgard von Tübingen zwei
Söhne, Otto und Burkhard, die erstmals 1287 namentlich genannt werden. Otto
starb bereits 1299, hinterließ aber einen Sohn namens Burkhard, der ab 1316
genannt wird. Burkhard V. tritt ab dem Jahre 1302 selbständig auf. Nach dem
Tode seines Vaters 1318 erhielt er die Herrschaft Wildberg samt Altensteig und
Bulach. Er legte sich damals ein neues Reitersiegel zu, das von 1319 bis 1344
belegt ist; später führte er ein kleines Siegel, das nur den hohenbergischen Schild
enthält. Burkhard bezeichnete sich meist als der Ältere bzw. Herr zu Wildberg,
später heißt er dann »der Alte«, womit auf sein tatsächlich hohes Alter Bezug
genommen wird. Er war mit Adelheid von Vaihingen verheiratet und urkundet
zuletzt 1353. Laut Rüttel ist er im Jahre 1354 gestorben.[7]

---

[7] Bei Gabelkofer ist das Datum fälschlicherweise mit 1304 angegeben. Vgl. Die In-
schriften des Landkreises Calw, bearb. von R. Neumüllers-Klauser, Wiesbaden 1992,
Nr. 17 und 31.

1. *Reitersiegel Graf Burkhards V. von Hohenberg*
Abdruck aus dem Jahr 1344
Hauptstaatsarchiv Stuttgart, A 602, U 7238a
Vorlage und Aufnahme: Hauptstaatsarchiv Stuttgart

Merkwürdigerweise treten Burkhards Kinder erst zu Beginn der 40er Jahre in Erscheinung, also gleichzeitig mit denen seines Neffen Burkhard von Nagold, mit denen sie auch die Namen gemein haben. Burkhards gleichnamiger Sohn tritt erstmals 1342 zusammen mit dem Vater auf. Im Jahr darauf siegelte der alte Burkhard zusammen mit seinen Söhnen Bürgi und Konrad für seine Tochter Margreth, die Ehefrau des Grafen Friedrich von Zollern genannt Straßburger. Vom dritten Sohn Otto hören wir dagegen erst 1348, als die Brüder, Otto, Bürgi und Konrad, Söhne des alten Grafen Burkhard, für die Grafen von Vaihingen bürgten. In der letzten Urkunde des alten Burkhard von 1353 erwähnt er seine Töchter im Kloster Reuthin, deren Namen Adelheid und Anna aber erst später genannt werden.

Nun soll Burkhard noch eine weitere Tochter namens Adelheid gehabt haben, die 1341 mit Graf Friedrich von Zollern dem Schwarzgrafen verheiratet war. Da dieser ein Bruder des Straßburgers war, hätten also zwei Brüder zwei Schwestern geheiratet. Wie noch zu zeigen sein wird, war Adelheid jedoch nicht die Tochter des Wildberger, sondern des Nagolder Burkhard. Neben den urkundlich genannten Schwestern Adelheid und Anna hatte der alte Burkhard mindestens noch eine weitere Tochter im Kloster Reuthin. Im Seelbucheintrag für Adelheid von Vaihingen werden als Töchter die Klosterfrauen Luggart und Anna genannt. Der Grabstein Luggarts ist erhalten, nur das Todesjahr nicht mehr lesbar, das aber Rüttel und Gabelkofer mit 1358 angeben. Daneben bringt Rüttel noch das

Todesjahr einer Schwester Anna von Hohenberg (1361). Luggarts Schwester kann damit nicht gemeint sein, da sie noch 1381 urkundlich erwähnt wird.[8]

2. Burkhard VII., Konrad II. und Otto III.

Nach dem Tode des alten Burkhard teilten seine Söhne Burkhard und Konrad 1355 das väterliche Erbe, wobei ersterer Bulach erhielt und letzterer Altensteig, während Wildberg gemeinsamer Besitz blieb. Eigenartigerweise war der dritte Bruder Otto am Teilungsgeschäft nicht beteiligt, denn die Urkunde wurde lediglich vom Nagolder Otto mitbesiegelt. Konrad bezeichnete sich auf seinem ersten Siegel, das von 1343 bis 1349 erhalten ist, als IUNIOR, war also jünger als der Nagolder Konrad, den wir von 1341 kennen. Konrad war mit Margreth von Hewen verheiratet und starb bereits zwei Jahre nach dem Vater am 6. September 1356. Er hinterließ einen minderjährigen Sohn namens Rudolf und eine Tochter Margreth, die Klosterfrau zu Reuthin war und vor 1377 starb. Margreth von Hewen urkundete noch 1361 als Witwe, ehe sie 1365 mit Stefan von Gundelfingen wiedervermählt war.

Burkhard verkaufte zusammen mit seiner Ehefrau Anna von Hohenlohe-Braunbeck 1363 seine Hälfte an Wildberg an den Rheingrafen und im Jahr darauf auch noch Bulach. Zuletzt urkundet er 1367, als er seine Burgmannen von Wildberg und Bulach dem Rheingrafen zuwies.[9] Sein Todesjahr ist unbekannt, man weiß nur, daß er vor 1377 gestorben ist.

Sein Bruder Otto war an den Verkäufen von Wildberg und Bulach nicht beteiligt, lebte damals aber noch. Er siegelte 1358 und Ende 1364 zusammen mit Burkhard und seinen beiden Schwestern Adelheid und Anna im Kloster Reuthin. Offenbar war er, wie diese beiden, abgefunden worden. Laut Reuthiner Seelbuch war er mit Irmgard von Eberstein verheiratet.[10]

Nach der Annahme Ludwig Schmids soll Otto der Vater eines Rudolf gewesen sein, der ab 1393 genannt wird und später Hauptmann der Herrschaft Ho-

---

[8] Merkwürdigerweise konnte Gabelkofer den Namen, der heute noch deutlich zu erkennen ist, nicht lesen. L. Schmid hat das Todesjahr 1358 deshalb auf Schwester Agnes bezogen, die angeblich eine Tochter Burkhards IV. war; vgl. Gand, Maria-Reuthin (wie Anm. 2), Konventsliste Nr. 52 und 53.

[9] Aus derselben Zeit stammt ein Register der Wildberger Mannlehen, das folgende Bestandteile nennt: das Haus und die Stadt Berneck, den Zehnten zu Grömbach, Wörnersberg, das Dorf Breitenberg und halb Kollwangen, Lehen zu Ebhausen, zwei Höfe zu Sulz und Kuppingen, den Zehnten zu Altdorf. Württembergische Regesten, Nr. 14597.

[10] Die Genealogia Reuthinensis gibt statt Irmgard den Namen Margreth an, was Decker-Hauff für wahrscheinlicher hält, zumal eine Margreth von Eberstein 1404 im Kloster Frauenalb gestorben ist.

henberg wurde. Ob dem so war, soll bei der Nagolder Linie näher untersucht werden.

3. Burkhard IX. und Konrad III.

Burkhard VII. und Anna von Brauneck hatten zwei Söhne namens Burkhard und Konrad, die beide Geistliche wurden. Von Burkhard haben sich zahlreiche, bislang noch nicht ausgeschöpfte Zeugnisse in den Würzburger Quellen erhalten.[11] Bereits 1348, als er noch minderjährig gewesen sein dürfte, erhielt er von seinem Verwandten, dem Domherrn Andreas von Brauneck, eine Empfehlung zur Aufnahme im Würzburger Domstift. Im Jahre 1364 sollte er mit päpstlicher Hilfe von Würzburg nach Erfurt wechseln, was offenbar nicht geschah, denn 1367 war er wieder Domherr in Würzburg, wo er es 1376 zum Generalvikar und 1389 zum Domdekan brachte. Er urkundet zuletzt 1391 und ist vermutlich noch im selben Jahr gestorben. Sein Bruder Konrad war 1377 Kirchherr zu Sulz am Eck und ist im Jahre 1419 gestorben.

4. Rudolf IV. genannt Rümelin

Konrads Sohn Rudolf, der 1360/63 noch unmündig war, urkundet ab 1367. Im Jahre 1377 verkaufte er seine Hälfte an Wildberg an die Kurpfalz, wobei sein Vetter Rudolf d. Ä. (von Rottenburg) mitsiegelte. Beim kurz zuvor erfolgten Verkauf des Sulzer Kirchensatzes hatten neben Rudolf d. Ä. noch sein Vetter Otto von Nagold und dessen Sohn Rudolf d. J. mitgesiegelt.

Zur Unterscheidung vom Rottenburger Rudolf und dem Nagolder Rudolf nannte er sich meist Sohn des verstorbenen Konrad, gelegentlich auch »Herr zu Altensteig«, und einmal ist der Kosename Rümelin bezeugt. Nach dem Tode Rudolfs von Rottenburg (1389) heißt er dann »der Ältere« im Gegensatz zum jüngeren Nagolder Rudolf, so in den Jahren 1391 bis 1394. Rudolf genannt Rümelin ist zwischen 1394 und 1397 gestorben.[12]

Um das Erbe Altensteig stritten 1397 sein Stiefbruder Stefan von Gundelfingen und der Nagolder Rudolf, was damit endete, daß jeder die Hälfte bekam. Die beiden beerbten übrigens auch den Wildberger Burkhard, denn noch 1404 bezogen sie die 100 fl. Gült von der Stadt Heidelsheim, die der Rheingraf 1365 dem Grafen Burkhard nach dem Verkauf von Wildberg verschrieben hatte.

---

[11] Monumenta Boica, Bd. 43–46; Würzburger Urkundenregesten vor dem Jahr 1400, bearb. von W. Engel, 1958; Urkundenregesten zur Geschichte der Stadt Würzburg, bearb. von W. Engel, 1952; Württembergische Geschichtsquellen, Bd. 2, Nr. 234.
[12] Rümelin war spätestens am 8. Januar 1397 tot. HStA Stuttgart, A 155, U 14.

5. Burkhard VI. der Jüngere zu Nagold

Der ab 1316 erwähnte Burkhard war der Sohn des bereits 1299 gestorbenen Otto und der Maria von Magenheim. Da die Eltern im 4. Grad blutsverwandt waren, hatten sie 1290 einen päpstlichen Dispens erhalten.[13]

Nun erwähnen Rüttel und Gabelkofer noch einen anderen Otto, der am 3. Mai 1308 gestorben ist. Mit Decker-Hauff wird man ihn als ersten Sohn Ottos ansehen dürfen, der in jungen Jahren gestorben ist.

Als väterliches Erbe erhielt Burkhard die Herrschaft Nagold mit Haiterbach, ferner Horb und die Hälfte der Pfandschaft Dornstetten. Bereits 1319 trat er Horb an seinen Vetter Rudolf von Rottenburg ab gegen dessen Hälfte an Dornstetten, um ein Jahr später ganz Dornstetten an Württemberg zu verkaufen. Von Horb hat sich Burkhard den Kirchensatz zurückbehalten, denn 1320 erscheint er als Patron der Horber Kirche.

2. Siegel Graf Burkhards VI. von Hohenberg
Abdruck aus dem Jahr 1328
Hauptstaatsarchiv Stuttgart, A 602, U 7078
Vorlage und Aufnahme: Hauptstaatsarchiv Stuttgart

Burkhard, der mit Agnes von Vaihingen verheiratet war, nannte sich meist der Jüngere, im Gegensatz zu seinem Wildberger Onkel, so 1319 und zuletzt 1340. In einigen Urkunden, wo dieser Zusatz fehlt, heißt er »Herr zu Nagold« oder »gesessen zu Nagold«. Da er vor seinem Onkel starb, war er zeitlebens der Jüngere, was auch aus einem Siegel hervorgeht, das von 1325 bis 1341 erhalten ist. Es enthält den hohenbergischen Schild mit Helm und die Umschrift IUNIOR.

---

[13] G. Mehring, Urkundenlese aus den päpstlichen Registern, in: WVJH N. F. 5 (1896), Nr. 65.

Als Inhaber des Horber Patronats hat Burkhard diese Pfarrei seinem ältesten Sohn Otto verschafft, der 1340 als Horber Kirchherr zusammen mit dem Vater als Patron urkundete. Zum letzten Mal tritt Burkhard im Jahre 1341 auf als Siegler für seine Tochter Adelheid, Ehefrau des Schwarzgrafen von Zollern. Da in dieser Urkunde der Zusatz »der Jüngere« ausgelassen wurde, hat man sie irrtümlich dem Wildberger Burkhard zugeschrieben, obwohl das anhängende Siegel eindeutig das des Nagolders ist.[14] Zusammen mit dem Vater siegelten auch seine beiden Söhne Otto und Konrad, deren Siegel jedoch nicht erhalten ist. Gleichwohl bildet diese Urkunde das erste und einzige Zeugnis für den Nagolder Konrad, den man bislang nur aus dem Reuthiner Seelbuch kannte.

Zuletzt wird Burkhard in einer Urkunde seines Sohnes Otto von 1342 erwähnt und scheint noch im selben Jahr gestorben zu sein.

6. Otto III., Konrad, Burkhard VIII. und Hugo

Neben den bereits genannten Brüdern Otto und Konrad hatte der jüngere Burkhard noch zwei weitere Söhne namens Burkhard und Hugo sowie zwei Töchter Agnes und Mechthild, die Klosterfrauen zu Reuthin waren. Am 8. Mai 1342 machte Otto, Sohn des Grafen Burkhard des Jungen, Herrn zu Nagold, für sich und seine beiden unmündigen Brüder Burkhard und Hugo eine recht umfangreiche Stiftung an die Johanniter in Rohrdorf und die Klosterfrauen zu Reuthin, und zwar für den Fall, daß ihr Vater wiedergenesen würde.[15] Dies ist offenbar nicht geschehen und die Stiftung vermutlich nicht in Kraft getreten. Otto bezeichnete sich zwar nicht als Horber Kirchherr, verfügte aber, wie aus der Urkunde hervorgeht, über die Opfer der Horber Kirche. Er hat die Pfarrei bald darauf an seinen Bruder Burkhard abgetreten, denn dieser bezeichnete sich 1348 als Horber Kirchherr, während Otto Kastvogt war.

Seit 1349 erscheint Burkhard aber als Weltlicher, wobei er sich als der Jüngere bezeichnete, wie auch sein Siegel, das von 1346 bis 1357 erhalten ist, die Umschrift IUNIOR zeigt. Laut Reuthiner Seelbuch war er mit Fren von Habsburg verheiratet.

Otto war 1349 mit Kunigund von Wertheim verheiratet, die laut Rüttel am 13. Juli 1359 gestorben ist. Bald darauf vermählte er sich mit Irmgard von Werdenberg, der Witwe des 1358 gestorbenen Grafen Heinrich von Fürstenberg.

Otto und Burkhard haben eine Zeitlang gemeinsam regiert und titulierten als »Herren zu Nagold«. So verkauften sie 1352 den Widemhof und Kirchensatz zu Bondorf an Kloster Bebenhausen, verpfändeten 1353 die beiden Dörfer Rem-

---

[14] MonZoll, Bd. 1, Nr. 292; StA Sigmaringen, Dep. 39 HH, U 496.
[15] HStA Stuttgart, B 352, U 271; vgl. Monumenta Hohenbergica, Nr. 432.

mingsheim und Wolfenhausen an die Pfalzgrafen von Tübingen und stellten 1357 den Klausnerinnen zu Bondorf ein Privileg aus. Danach verliert sich Burkhards Spur, der an den Verkäufen seines Bruders von 1362/63 nicht beteiligt ist.

Otto verkaufte 1362 die Dörfer Remmingsheim und Wolfenhausen an die Pfalzgrafen von Tübingen, wobei als Verwandter lediglich der Wildberger Burkhard als Bürge mitwirkte. Als er im Jahr darauf die ganze Herrschaft Nagold an Württemberg veräußerte, war überhaupt kein Familienmitglied beteiligt.

Bis dahin führte er zwei verschiedene Siegel, ein größeres mit Schild und Helm und ein kleineres nur mit dem Schild. Später (1371/77) ist nur noch ein kleines Siegel mit Helm ohne Schild bezeugt. Zuletzt tritt er 1377 und 1379 zusammen mit seinem Sohn Rudolf auf.

Nun bringen Rüttel und Gabelkofer die Notiz, wonach »Herr Burcard von Hohenberg« im Jahre 1386 gestorben sei. Damit kann eigentlich nur der Nagolder Burkhard gemeint sein, wobei sich die Titulatur »Herr« auf seine zeitweilige Eigenschaft als Kirchherr bezieht, wie dies auch bei dem 1419 gestorbenen Wildberger Konrad zu beobachten ist.

Vom vierten Bruder Hugo hören wir nach 1342 lange Zeit nichts mehr, was mit seinem Eintritt in den Johanniterorden zusammenhängen dürfte. Von 1381 bis 1411 ist er als Johanniterbruder in Dätzingen nachweisbar, und 1410 bezeichnete er sich ausdrücklich als Bruder des verstorbenen Otto, »des Nagold was«.

7. Rudolf V./VI., der Hauptmann, und Anna

Neben dem historisch nachgewiesenen Rudolf V., Sohn des Nagolder Otto, hat Ludwig Schmid noch einen sechsten Rudolf als Sohn des Wildberger Otto eingeführt, der zur selben Zeit gelebt haben soll. Ersterer sei württembergischer Rat gewesen, habe bis 1417 gelebt und eine Tochter Magdalena hinterlassen. Letzterer sei Hauptmann der Herrschaft Hohenberg gewesen und um 1420 gestorben. Er gilt als der Vater Sigmunds, mit dem das Geschlecht der Hohenberger 1486 ausgestorben ist.

Urkundlich läßt sich freilich nur ein Rudolf nachweisen, und auch das Reuthiner Seelbuch kennt nur einen Rudolf, der mit Margreth von Tierstein verheiratet war. Zudem weist die von Rüttel überlieferte Ahnenprobe der Schenken von Limpurg den Grafen Rudolf, Vater Sigmunds, als Sohn Ottos von Nagold und der Kunigund von Wertheim aus.

Rudolf V., der 1377/79 zusammen mit seinem Vater auftrat, bezeichnete sich 1388/89 als Sohn des verstorbenen Otto zu Nagold. Seit 1390 führte er stets die Bezeichnung »der Jüngere«, im Gegensatz zum älteren Altensteiger Rudolf, und zwar bis 1394, dem letztmaligen Auftreten Rümelins. Nach dessen Tod erhob er Ansprüche auf das Erbe Altensteig, konnte sich aber gegen Stefan von Gundelfingen nur teilweise durchsetzen, indem jeder die Hälfte bekam. Der Gundelfinger verkaufte seinen Teil 1397 an Baden, und Rudolf tat im Jahr darauf dasselbe.

Seit 1392 stand Rudolf in Diensten der Herzöge von Österreich, zunächst als Burgvogt zu Rottenburg und später (1394) als Hauptmann der Herrschaft Hohenberg, welches Amt er bis 1406 innehatte.[16] Daneben erscheint er wiederholt unter den Räten der Grafen von Württemberg, in deren Diensten er bis 1417 nachweisbar ist.

Rudolf führte zunächst ein kleines Siegel nur mit dem Helm, das in zwei Varianten vorkommt, einmal mit dem COMES-Titel und einmal ohne. Später gebrauchte er hauptsächlich ein größeres Siegel mit dem hohenbergischen Schild und Helm. Die verschiedenen Siegel lassen sich jedoch keineswegs zwei Personen zuordnen, etwa einem württembergischen oder österreichischen Diener.

Weitere Unklarheit bestand bislang hinsichtlich der Anna von Hohenberg, die 1417/18 als Witwe des Grafen Konrad von Kirchberg zusammen mit ihrem Sohn Eberhard Ansprüche auf das Erbe des 1412 gestorbenen Schwarzgrafen von Zollern erhob.[17] Das Reuthiner Seelbuch führt sie als Ehefrau des Grafen Konrad von Kirchberg auf mit einer Tochter Anna, die Klosterfrau zu Reuthin war. Nach Ludwig Schmid soll sie eine Tochter des Wildberger Burkhard gewesen sein, da sie bei Gabelkofer als Tochter eines Grafen Burkhard bezeichnet wird. An anderer Stelle schreibt Gabelkofer, daß sie in erster Ehe mit dem Schwarzgrafen verheiratet und 1421 gestorben sei. Der Doppelehe Annas widerspricht aber eine weitere Notiz Gabelkofers, wonach Fräulein Irmgard 1407 eine Tochter des Grafen Konrad von Kirchberg und der Anna von Hohenberg war. Da Anna 1417/18 bereits einen erwachsenen Sohn hatte, scheidet eine Erstehe mit dem Schwarzgrafen ohnehin aus.

Schon vor Anna hatten ihr Ehemann und Graf Rudolf von Hohenberg Ansprüche auf das Schwarzgrafen-Erbe erhoben. Eine zollerische Urkunde von 1413 spricht von einer Uracher Richtung, die mit dem von Hohenberg und dem von Kirchberg getroffen wurde. Offenbar gehörte nicht nur Rudolf, sondern auch Anna zur Nagolder Linie, wobei sie ihre Ansprüche von ihrer Tante Adelheid, Mutter des Schwarzgrafen, herleiteten.

Annas Sohn Eberhard machte noch 1435 Forderungen geltend, wie wir dem Register des Grafen Eitelfritz von Zollern entnehmen können.[18] Dieser wies sie

---

[16] Vgl. Franz Quarthal, Die Verwaltung der Grafschaft Hohenberg beim Übergang an Österreich, in: ZWLG 41 (1982), S. 550 f.

[17] MonZoll, Bd. 1, Nr. 572, 581; Württembergische Regesten, Nr. 5006.

[18] HStA Stuttgart, H 14, Bd. 360, Bl. 10 f.

freilich zurück, wobei er ausführte, daß Eberhards Mutter 20 Jahre und deren Bruder sieben Jahre nach dem Schwarzgrafen gestorben seien. Damit käme man für Anna auf das Todesjahr 1432 und für ihren Bruder, womit nur Rudolf von Hohenberg gemeint sein kann, auf 1419. Demzufolge wäre Anna keine Tochter des Nagolder Burkhard, sondern des Nagolder Otto gewesen, wenn man die Bezeichnung »Bruder« eng auslegt.

Daß Anna zur Nagolder Linie gehörte, läßt sich auch über ihre Tochter Anna nachweisen, die 1433/36 Priorin zu Reuthin war und vor 1440 gestorben ist. Deren Leibgeding, bestehend aus 10 Ohm Weingült zu Haslach, erbten nämlich ihr Bruder Eberhard von Kirchberg und Sigmund von Hohenberg, die sie 1440 verkauften. Die Gült hatte Graf Konrad von Vaihingen 1352 den Schwestern Agnes und Mechthild von Hohenberg verkauft, wobei festgelegt worden war, daß sie an etwaige Kinder ihrer Brüder Otto und Burkhard von Nagold fallen sollte. Wahrscheinlich gelangte die Weingült zunächst an Elisabeth und Agnes von Hohenberg, denn diese wurden 1377 als Klosterfrauen und Brudertöchter der obigen Agnes bezeichnet.[19]

8. Sigmund, ultimus

Sigmund, der Sohn Rudolfs, wurde laut Rüttel im Jahre 1404 geboren. Er verheiratete sich mit Ursula von Rhäzüns, der Witwe des 1439 gestorbenen Grafen Eitelfriedrich von Zollern. Sein erster Sohn Peter ist bereits 1443 als Kind in Balingen gestorben, sein zweiter Sohn Rudolf 1458 ebenfalls vor dem Vater. Seine Tochter Margreth starb 1475 als Ehefrau des Schenken Jörg von Limpurg. Sigmunds Schwester Magdalena verheiratete sich mit dem Truchsessen Jakob von Waldburg, der 1460 starb. Im Jahre 1477 stiftete Sigmund im Kloster Reuthin einen Jahrtag für seine gestorbene Gemahlin; er selbst wurde am 21. Dezember 1486 in dem von seinen Vorfahren gegründeten Kloster begraben.

---

[19] Spitalarchiv Rottenburg, U 48; vgl. Gand, Maria-Reuthin (wie Anm. 2), Konventsliste Nr. 105.

Grafen von Hohenberg – Linien Wildberg und Nagold

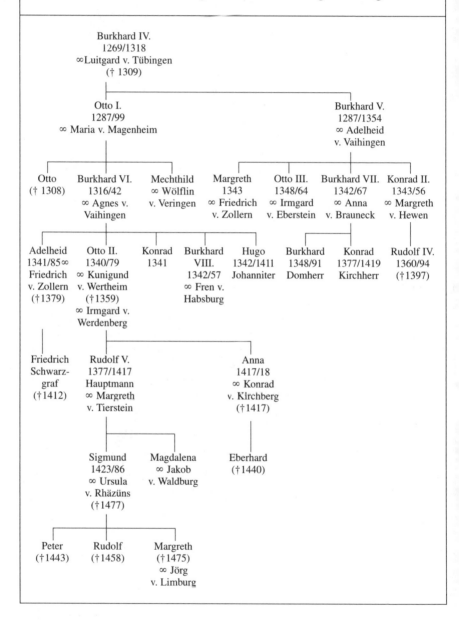

Burkhard IV.
1269/1318
∞Luitgard v. Tübingen
(† 1309)

Otto I.
1287/99
∞ Maria v. Magenheim

Burkhard V.
1287/1354
∞ Adelheid
v. Vaihingen

Otto
(† 1308)

Burkhard VI.
1316/42
∞ Agnes v.
Vaihingen

Mechthild
∞ Wölflin
v. Veringen

Margreth
1343
∞ Friedrich
v. Zollern

Otto III.
1348/64
∞ Irmgard
v. Eberstein

Burkhard VII.
1342/67
∞ Anna
v. Brauneck

Konrad II.
1343/56
∞ Margreth
v. Hewen

Adelheid
1341/85∞
Friedrich
v. Zollern
(†1379)

Otto II.
1340/79
∞ Kunigund
v. Wertheim
(†1359)
∞ Irmgard v.
Werdenberg

Konrad
1341

Burkhard
VIII.
1342/57
∞ Fren v.
Habsburg

Hugo
1342/1411
Johanniter

Burkhard
1348/91
Domherr

Konrad
1377/1419
Kirchherr

Rudolf IV.
1360/94
(†1397)

Friedrich
Schwarz-
graf
(†1412)

Rudolf V.
1377/1417
Hauptmann
∞ Margreth
v. Tierstein

Anna
1417/18
∞ Konrad
v. Klrchberg
(†1417)

Sigmund
1423/86
∞ Ursula
v. Rhäzüns
(†1477)

Magdalena
∞ Jakob
v. Waldburg

Eberhard
(†1440)

Peter
(†1443)

Rudolf
(†1458)

Margreth
(†1475)
∞ Jörg
v. Limburg

ABKÜRZUNGEN UND SIGLEN

Abkürzungen

Abb.	Abbildung
Abh.	Abhandlung
Anm.	Anmerkung
Art.	Artikel
Aufl.	Auflage
Bd., Bde.	Band, Bände
bearb.	bearbeitet
bes.	besonders
Bl.	Blatt
d. h.	das heißt
d. i.	das ist
dens.	denselben
ders.	derselbe
ebd.	ebenda
F.	Folge
f., ff.	folgende
fol.	folio
gen.	genannt
H.	Heft
hrsg.	herausgegeben
N. F.	Neue Folge
Nd.	Nachdruck, Neudruck
Nr.	Nummer
o. O.	ohne Ort
r.	recto
S.	Seite
Sp.	Spalte
Tl., Tle.	Teil, Teile
u. a.	und andere(n)
überarb.	überarbeitet(e)
Urk. (U)	Urkunde
V.	Vers
vgl.	vergleiche

Siglen

Archive

GLA	Generallandesarchiv
HStA	Hauptstaatsarchiv
StA	Staatsarchiv

Zeitschriften

FDA	Freiburger Diözesan-Archiv
HJH	Hohenzollerische Jahreshefte
WVJH	Württembergische Vierteljahrshefte für Landesgeschichte
ZGO	Zeitschrift für die Geschichte des Oberrheins
ZHG	Zeitschrift für Hohenzollerische Geschichte
ZWLG	Zeitschrift für Württembergische Landesgeschichte

Quelleneditionen

MGH	Monumenta Germaniae Historica
NS	Nova Series
SS	Scriptores
MonZoll	Monumenta Zollerana
WUB	Wirtembergisches (Württembergisches) Urkundenbuch

AUTOREN UND HERAUSGEBER

Dr. Casimir Bumiller
Historiker
Hexentalstraße 32, 79283 Bollschweil

Hans Peter Müller
Historiker
Weiherplatz 7, 72186 Empfingen

Prof. Dr. Franz Quarthal
Universitätsprofessor
Universität Stuttgart, Historisches Institut
Keplerstraße 17, 70174 Stuttgart

Bernhard Rüth
Kreisarchivar, Leiter des Archiv- und Kulturamts des Landkreises Rottweil
Landratsamt Rottweil, Königstraße 36, 78628 Rottweil

Prof. Dr. Wilfried Schöntag
Präsident der Landesarchivdirektion Baden-Württemberg
Dattelweg 23, 70619 Stuttgart

Dr. Andreas Zekorn
Kreisarchivar, Leiter des Kreisarchivs Zollernalbkreis
Landratsamt Zollernalbkreis, Hirschbergstraße 29, 72336 Balingen

Im Frühjahr 2002 erscheint im bibliotheca academica Verlag
der Aufsatzband

ADEL ZWISCHEN SCHWARZWALD UND SCHWÄBISCHER ALB

Hrsg. von Wolfgang Hermann, Franz Quarthal und Bernhard Rüth
im Auftrag der Gesellschaft Schloß Glatt e. V.,
des Landkreises Rottweil und der Stadt Sulz am Neckar

Inhalt:

Der Band wird ca. 400 Seiten umfassen und mit Abbildungen, Karten und
Stammtafeln reich ausgestattet sein.